John V. Jensen

Deutsche auf der Flucht

Aarhus University Press
FLUGT – Refugee Museum of Denmark

Deutsche auf der Flucht
© John V. Jensen und
Aarhus University Press 2022
Originaltitel und Serientitel:
Tyskere på flugt, 100 danmarkshistorier
Redaktion: Thomas Oldrup
Übersetzung: André Wilkening

Gestaltung, Lithografie und Cover:
Camilla Jørgensen, Trefold
Repro: Narayana Press
Druck: Narayana Press
Gedruckt auf 130 g Munken Lynx

Printed in Denmark 2022
ISBN: 978 87 7219 775 3

Das Geschichtsprojekt '100 danmarkshistorier' wird
unterstützt durch A.P. Møller og Hustru Chastine
Mc-Kinney Møllers Fond til almene Formaal. Die
Herausgabe der deutschen Übersetzung von *Tyskere
på flugt* wird unterstützt von Vardemuseerne.

Diese Serie wird durch weitere Inhalte auf Dänisch
ergänzt. Besuchen Sie 100danmarkshistorier.dk, um
mehr zu erfahren.

Aarhus University Press
Finlandsgade 29
8200 Aarhus N
Denmark
aarhusuniversitypress.dk

International distributors:
ISD, isdistribution.com
Oxbow Books Ltd., oxbowbooks.com

MIX
Papier
FSC   FSC® C010651

PEER
REVIEWED

/ In accordance with requirements of the Danish Ministry of Higher Education and Science, the certification
means that a PhD level peer has made a written assessment justifying this book's scientific quality.

Inhalt

Ein demokratisches Europa

Das Urteil der Geschichte

Hinter jedem Namen auf den Kreuzen steht ein deutsches Flüchtlingsschicksal, das wir jedoch nur in den seltensten Fällen kennen. Wenn wir die dahinterliegende Geschichte kennen, handelt es sich gewöhnlich um dramatische Ereignisse, aber oft kennen wir nun den Namen. Auf dem Westfriedhof in Kopenhagen ist die größte Ansammlung an deutschen Gräbern aus dem Zweiten Weltkrieg mit 4.643 Soldaten- und 5.344 Flüchtlingsgräbern. Oksbøl, Aalborg, Gedhus und Grove sind weitere große Flüchtlingsfriedhöfe. || John V. Jensen/ Vardemuseerne

Flucht übers Eis

Eine aktuelle Geschichte

Im beißenden Frost näherte sich eine lange Karawane dem zugefrorenen Haff. Es war spät am Tag, Dunkelheit brach bereits an. Die Karawane aus einfachen Pferdefuhrwerken mit Segeltuchplanen steuerte dem Frischen Haff in Ostpreußen entgegen. Im Laufe des Tages waren immer mehr Flüchtlinge zugestiegen, und die erschöpften Pferde mussten sich noch stärker anstrengen.

Adelheide Borutta flüchtete aus Tilsit (heute Sowetsk) vor der heranrückenden Roten Armee. Sie war nun mit ihrem Schwiegervater, zwei Schwägerinnen und deren beiden kleinen Jungen im Alter von drei Jahren und elf Monaten auf einer kräftezehrenden Flucht. Als Erstes wurden die Jungen und Schwägerinnen auf einen der Wagen verteilt, da es nicht für alle Platz gab. Obwohl Adelheide schwanger war, musste sie wie ihr Schwiegervater zu Fuß gehen, ehe ein anderer vorbeifahrender Wagen sie aufsammelte.

Die Wagen wurden bei dichter Dunkelheit in angemessenem Abstand zueinander über das Eis gelotst – langsam, damit das Eis sie tragen konnte. Frost hatte eingesetzt und das Tauwetter der vergangenen Tage abgelöst, doch am Ufer war das

Deutsche Flüchtlinge im Februar 1945 in Danzig. Die militärische Offensive der Roten Armee löste große Flüchtlingsströme in Richtung Westen aus. Im Herbst 1944 schlug General Friedrich Hossbach (1894-1980) dem Gauleiter in Ostpreußen, Erich Koch (1896-1986), vor, die Zivilbevölkerung aus den östlichen Teilen Ostpreußens zu evakuieren. Koch lehnte ab.
‖ Brigitte Höber/ Bundesarchiv

Eis immer noch brüchig, daher reichte das Wasser den Wagen das erste Stück des Weges bis zu den Achsen. Erst weiter draußen war das Eis tragfähig. Adelheide Borutta zufolge war die Überquerung des zugefrorenen Haffs im Schutz der Dunkelheit vermutlich ein Glück, da der Wagenzug später angegriffen wurde und die Dunkelheit die Tragödien verbarg, die sich in der Bucht abspielten. Wagen brachen mitsamt Passagieren und Pferden in den Eislöchern ein, die die Bomber hinterlassen hatten. Andere haben berichtet, wie sie bei ihrer Überquerung am Tage die Ertrunkenen durch das Eis sehen konnten. Vor solch einem unbarmherzigen Anblick blieben Adelheide und ihre Mitflüchtlinge durch die Dunkelheit verschont. Später markierten abkommandierte deutsche Soldaten auf dem Eis die lebensgefährlichen Löcher, damit die Menschen ihnen ausweichen konnten.

Adelheide und ihr Gefolge erreichten die Frische Nehrung auf der anderen Seite der Bucht, wo nach der gefährlichen Fahrt bereits viele Wagen mit Flüchtlingen angekommen waren. Alle waren voller Hoffnung, mit dem Schiff westwärts kommen zu können. Es war der 8. Februar 1945, der Zweite Weltkrieg trat in seine Schlussphase ein und riesige Menschenmassen bewegten sich auf ihrer Flucht vor der Roten Armee aus den östlichen Landesteilen westwärts. Der Winter erschwerte allerdings die Flucht, die Kälte hatte besonders für viele kleine Kinder schicksalhafte Folgen. Adelheide berichtet, wie ihr spärlicher Proviant rasch aufgebraucht war und sie Schnee essen mussten, um etwas trinken zu können.

Nach einigen Tagen gelangten Adelheide und ihre Mitflüchtlinge nach Danzig (heute Gdańsk), von wo aus sie und viele andere am 17. Februar an Bord des Flüchtlingsschiffs Deutschland gingen und fortkamen, bevor sowjetische Truppen Danzig umzingelten und belagerten. Das Flüchtlingsschiff nahm Kurs gen Westen und legte zunächst auf Rügen an, später in Rostock, von wo ein Zug die Flüchtlinge weiter nach Bad Segeberg und Neumünster brachte, um anschließend die dänische Grenze mit einem Halt in Tønder zu passieren. Nach einer langen und gefährlichen Flucht kamen sie am Abend des 21. Februar im Militärlager Oksbøl an, wo sie auf Soldatenbaracken verteilt wurden.

Während der Flucht waren Adelheide und ihr Schwiegervater getrennt worden, weshalb er Dänemark nicht erreichte. Später gelang ihnen die Kontaktaufnahme, allerdings erlebte er nicht mehr die Rückkehr seiner Angehörigen aus Dänemark im Juni 1947. Adelheide brachte am 11. Mai 1945 im

Lager Oksbøl ihre Tochter Heidrun zur Welt. Kurz darauf musste Adelheides Schwägerin miterleben, wie ihr einjähriger Sohn Hartmut in Oksbøl an Diphtherie starb. Leo, der Vater des Jungen, war im März 1945 gefallen. Adelheide selbst hörte nie mehr etwas von ihrem Mann, der an der Ostfront gewesen war.

Zusammenbruch an der Ostfront

Am 13. Januar 1945 begann die Rote Armee mit ihrer groß angelegten Offensive auf die deutsche Ostgrenze. Parallele Vorstöße rieben die deutschen Verteidigungslinien auf, und sowjetische Panzer donnerten gen Westen. Ein paar Tage später nahmen russische Truppen Warschau und Krakau ein, am 27. Januar befreiten sie das größtenteils geräumte Konzentrationslager Auschwitz-Birkenau, aus dem die Gefangenen zuvor auf Todesmärsche in westliche Richtung geschickt worden waren. Weiter nördlich, in Ostpreußen, verlief der Vormarsch etwas langsamer. Die zurückgebliebene deutsche Zivilbevölkerung war verängstigt angesichts der Aussicht, den vorrückenden sowjetischen Truppen in die Hände zu fallen.

Das Ende des Krieges rückte näher, doch die gewaltigen Flüchtlingsströme in Ostpreußen in den Monaten vor der Winteroffensive führten zu Chaos. Bereits im Oktober 1944 hatte die Rote Armee die deutsche Ostgrenze überschritten, wenngleich der Angriff zurückgeschlagen worden war, und wenige Tage später hatten die Deutschen die Gegend um das Dorf Nemmersdorf (heute Majkowskoje) zurückerobert. Dort fanden sie grausam ermordete Dorfbewohner, vergewaltigte und anschließend erschossene Frauen vor. Das Schicksal von Nemmersdorf ist bis heute umstritten, aber es gilt als gesichert, dass die Deutschen – indem sie Fotos der

Getöteten und Geschichten von malträtierten, an Scheunentoren festgenagelten Leichen verbreiteten – diesen Zwischenfall nutzten, um Angst und Schrecken zu säen. Auf diese Weise sollten Zivilisten zum Widerstand gegen die Russen mobilisiert werden. Für viele deutsche Flüchtlinge wurde Nemmersdorf ein Symbol für sowjetische Kriegsverbrechen und ein Teil ihres geistigen Reisegepäcks.

Der Angriff im Januar 1945 mündete für die deutsche Wehrmacht in einer Katastrophe und löste unter der Zivilbevölkerung großes Leid aus. Um wegzukommen, machten sich Menschen wie Adelheide und ihre Familie zu Hunderttausenden auf den Weg in Richtung der Ostseestädte. Am 26. Januar 1945 wurde die letzte Landverbindung von Ostpreußen nach Westen abgeschnitten. Nun blieb einzig die Ostsee als möglicher Fluchtweg.

Von Balga am Frischen Haff, etwas südwestlich von Königsberg (heute Kaliningrad), brach die frischvermählte und hochschwangere Eva Droese mit der Familie auf. Von der Überquerung erzählt sie:

„Wir wurden auf das Eis geleitet, wo wir uns in den endlosen Zug der Treckwagen einreihten. Wir wußten gar nicht wie uns geschah, russische Flieger warfen ihre Bomben auf uns ab und beschossen uns mit Bordwaffen. Die russische Artillerie hatte sich auf die Treckstraße eingeschossen und riß große Löcher in das Eis. Wagen und Menschen versanken in den Fluten. Es war furchtbar!"

Weiter westlich machte sich der zwölfjährige Rudolf Kruschinski mit seiner Familie von ihrem Zuhause in Wahlendorf (heute Niepoczolowice) in Westpreußen auf den Weg. Es war am frühen Morgen des 10. März 1945, und er erinnert sich immer noch an die Rufe und Schreie der Russen, als die Familie im Pferdewagen in Richtung Danzig flüchtete. Während sie bei leichtem Frost durch den Schnee fuhren, konnte er in der Ferne die russischen Panzer sehen. Drei Tage später erreichten sie Danzig und wurden in eine Schule einquartiert, ehe sie an Bord eines Minensuchbootes nach Kopenhagen fuhren. Das Boot wurde während der Überfahrt von britischen Flugzeugen angegriffen, doch in Rudolfs Erinnerung blieb vor allem haften, dass sie zum ersten Mal seit langem wieder etwas Ordentliches zu essen bekamen. Am 19. März kam Rudolf mit seiner Familie in Kopenhagen an, von wo aus sie auf Viehwagen in ein deutsches Militärlager nach Aalborg fuhren.

Auch vor der damals dreizehnjährigen Frau Becker aus Stargard in Pommern lag eine ungewisse Zukunft. Sie war gerade konfirmiert worden. Die Familie saß am Kaffeetisch, als sie von der Räumung Stargards erfuhren, da die Russen vor den Toren der Stadt standen. Sie gelangten westwärts bis nach Stettin, wo allerdings Bomben fielen. Vor der Flucht waren sie ein letztes Mal in Stargard, wo das Mädchen und ihre Großmutter ein paar Sachen in einem Koffer mitnahmen. Ihre Mutter war zu krank, um mitzukommen. Auf dem Weg aus der Stadt sammelten sie ein paar Deutsche mit Auto auf. „Die Russen kommen", sagten sie und verließen panisch die Stadt. Viele Jahre später berichtete sie, dass sie niemals den Anblick eines jungen Mannes am Adolf-Hitler-Platz vergessen werde, der an den Füßen aufgehängt worden war und ein Schild mit der Aufschrift trug: „Ich musste sterben, weil ich Feigling bin!"

Die Angst vor den Russen war bei Frau Becker und ihrer Familie derart groß, dass sie um jeden Preis fortwollten. Sie machten sich wieder auf den

Weg nach Stettin, dann weiter westwärts nach Loitz an der Peene. Dort verschlechterte sich der Zustand ihrer kranken Mutter, und die Dreizehnjährige musste versprechen, sich um die jüngeren Geschwister zu kümmern. Kurz darauf starb ihre Mutter an diesem fremden Ort in einem fremden Zimmer, erst zweiunddreißig Jahre alt. Sie konnten einen Sarg anstatt eines Papiersacks auftreiben, und die Mutter erhielt ein eigenes Grab, unter den damaligen Umständen nicht selbstverständlich. Nach dem Tod der Mutter entdeckte das dreizehnjährige Mädchen die Pistole, die ihr Vater der Mutter gegeben hatte, ehe er zur Ostfront aufbrach. „Wenn die Russen kommen, und ich nicht rechtzeitig sein sollte, dann erschießt du dich und die Kinder lieber selbst", hatte er gesagt. Das Mädchen nahm die Pistole, wickelte sie in einen Lumpen und schmiss sie im Schutz der Dunkelheit in die Peene.

Die Russen kamen immer näher, und die drei Kinder samt Großmutter mussten weiter nach Rostock, das bereits mit Flüchtlingen überfüllt war, die ebenfalls fortwollten. Frau Becker und ihre Geschwister gelangten mit einem Zug nach Flensburg und weiter nach Dänemark, als sie in Fredericia ausstiegen, waren für sie sowohl die Flucht wie auch der Krieg vorbei.

So viel Glück hatten nicht alle, und zur Geschichte der deutschen Flüchtlinge zählt auch eine der größten Schiffskatastrophen der Menschheitsgeschichte. Weithin bekannt ist die Versenkung des deutschen Passagierschiffs Wilhelm Gustloff am 30. Januar 1945 durch einen Torpedo eines sowjetischen U-Boots. Die genaue Opferzahl ist nicht bekannt, doch gehen unterschiedliche Schätzungen von 8.000-10.000 aus, wodurch der Untergang der größte in der Geschichte ist. Dennoch fand dies in den Geschichtsbüchern jahrelang kaum

Das Kreuzfahrtschiff Wilhelm Gustloff war von der nationalsozialistischen Organisation Kraft durch Freude erbaut worden und lief 1938 vom Stapel. Das moderne und luxuriöse Schiff wurde von der Propagandamaschinerie der Nazis genutzt. Die Wilhelm Gustloff wurde von sowjetischen Torpedos versenkt, wobei ungefähr 8.000-10.000 Menschen umkamen. || Imago Images/ Ritzau Scanpix

Erwähnung. Eine weitere gigantische Katastrophe war die Versenkung des unter deutscher Flagge fahrenden norwegischen Frachters Goya, der mit Flüchtlingen und verletzten Soldaten auf dem Weg nach Kopenhagen war. Die Goya erreichte mit ihrer menschlichen Fracht jedoch nie ihr Ziel, da das Schiff am 16. April 1945 von sowjetischen U-Booten getroffen wurde. Wieder kennt niemand die exakte Opferzahl, aber Schätzungen gehen von über 6.000 Menschen an Bord aus – und nur 183 wurden aus dem kalten Wasser der Ostsee gerettet. Ein dritter Untergang ereignete sich am 10. Februar 1945, als die Steuben versank und ungefähr 4.000 Menschen umkamen.

Aber solche Katastrophen blieben die Ausnahme. Die meisten Transporte über die Ostsee mit verletzten Soldaten und Zivilisten glückten. Es gibt zahllose Berichte von Flüchtlingen über die Überfahrt auf den überfüllten Schiffen. Geschichten, wie die von der Versenkung der Wilhelm Gustloff, machten die Runde, die sich dadurch gewiss eher im Bewusstsein verankerte als das Massaker von Nemmersdorf.

Als sie an Bord eines Schiffs gingen, glaubten die meisten, wie die 77-jährige Helene Brock, das Schiff würde sie nach Flensburg oder an einen anderen Ort in Westdeutschland in Sicherheit bringen. Sie weinte verzweifelt, als über den Schiffslautsprecher mitgeteilt wurde, dass sie Dänemark ansteuern würden. Auch andere beschrieben ihre Evakuierung über die Ostsee, so Andreas Nitschmann im Jahre 1955. Mit seinen gut 60 Jahren gehörte er zur kleinen Gruppe älterer männlicher Flüchtlinge. Er stammte aus Braunsberg (heute Braniewo) in Ostpreußen und war zunächst in den Hafen von Pillau (heute Baltijsk) geflohen, dann weiter westwärts zur Halbinsel Hela, ehe er nach Kopenhagen kam. Seine Beschreibung der Überfahrt auf dem Kohlendampfer Stinnes spricht für sich:

„Auf einmal ist es aus mit der Ruhe. Hunderte von Verletzten werden an Bord gebracht und unter die Flüchtlinge gelegt, so daß die Frauen sie betreuen können. Es wird so eng, daß sich keiner mehr rühren kann. Wir, zwei Frauen aus Braunsberg und ich, bekommen einen Verwundeten auf unseren Platz, der einen Lungenschuß hat. Seine Verbände riechen schon stark. Es sind nur wenige Sanitäter da. Alle Verwundeten haben großen Hunger. Sie schreien: Sani!, aber keiner hört auf ihre Rufe."

Nitschmann fährt fort:

„Unsere Frauen haben Mitleid mit ihnen und geben von dem wenigen Brot, das sie haben, reichlich ab. Aber da sind die Kinder der beiden Frauen, und wir müssen auch an ihre ewig hungrigen Mäuler

denken. Nun beginnen die kritischen Tage von neuem. Ein Teil der Flüchtlinge, auch Frauen und Kinder, muß auf Deck schlafen. Die Nächte sind kalt, und die Frauen und Kinder sind am Morgen steif gefroren. Wir alle leiden an starkem Durchfall. Die sanitären Zustände sind furchtbar. Mit großen Schläuchen wird dann wieder rein Schiff gemacht."

Das Schiff lag eines Nachts ruhig da, unter den Passagieren war nur ein Flüstern zu hören. U-Bootalarm! Die Zustände an Bord wurden immer schlimmer und der Hunger größer. An einem Tag wartete Andreas Nitschmann zwischen 10:00 und 15:00 Uhr vergeblich auf ein bisschen Suppe. Er hörte, wie ein Major die Flüchtlinge ausschimpfte, weil sie seiner Meinung nach das für die Verletzten bestimmte Essen aufaßen. Als das Schiff am 28.

Links auf dem Bild ist der nördliche Wachposten im
Flüchtlingslager Rye zu sehen, gemalt von dem Maler G. Lossau
aus Ostpreußen, der sich von 1945-1948 dort aufhielt. Nach der
Befreiung wurde es zu einem der größten Flüchtlingslager. Im
Januar 1946 lebten dort knapp 5.000 Flüchtlinge.
|| G. Lossau/Gl. Rye Møllemuseum

April in Kopenhagen anlegte, endete die siebentägige, kräftezehrende Reise. Die Flüchtlinge atmeten erleichtert auf, und zum ersten Mal seit langem bekamen sie etwas Ordentliches zu essen, ehe sie mit einem Zug nach Aarhus fuhren und in die Skovvangsskole einquartiert wurden.

Frau Dieckmann kam aus dem ostpreußischen Pogauen (heute Wyssokoje) und war zum damaligen Zeitpunkt ungefähr 20 Jahre alt. Sie erzählt, wie sie auf dem Schiff kleine Kekse, Leberwurst oder die sogenannte Zementwurst und Tee bekam. Auf dem Schiff meldete sie sich zur Versorgung der Verwundeten. Dadurch konnte sie von den Essensrationen der Soldaten ein wenig Kartoffeln oder Suppe für ihre Kinder abzweigen:

„Die konnten ja an Bord gar nicht alle verpflegen. Und auf dem Schiff habe ich zum ersten Mal Elend gesehen. Also diese Soldaten mit den offenen Bäuchen mit halben Armen und Beinen. Und wenn dann wieder einer starb, dann legten sie ihn auf ein Brett und kippten ihn über die Reling."

Die siebenjährige Gerda war mit ihrer Mutter, ihrem Bruder und ihrer Großmutter geflohen. Sie berichtet, dass ihre Großmutter die anstrengende Flucht aus Ostpreußen nicht schaffte. Andere hatten unangenehme Erlebnisse mit russischen Soldaten oder Polen, die Deutschen gegenüber ebenfalls nicht freundlich gesonnen waren. Die Schilderungen zeigen, wie sich die Flucht aus den östlichen Landesteilen Deutschlands Anfang 1945 abspielte. Alles musste zurückgelassen werden, und die Zukunft war ungewiss. In einem Brief von Ende Mai 1945 berichtet Karl Rudolf Lickfett, wie er seinen Hof und seine Heimatgegend verlassen musste:

„Es ist kein Stück Vieh mehr da, weder Pferd, Rind noch Schwein. Wer das nicht mit eigenen Augen gesehen hat, will es nicht glauben. Auch ist besonders in der näheren Umgegend von Danzig wohl kaum ein Gehöft oder Dorf vom Brand verschont geblieben."

Die Situation in den letzten Kriegsmonaten war chaotisch und beinah hoffnungslos, ein Großteil der deutschen Flüchtlinge hatte grauenvolle Wochen durchlebt mit Aufbruch und Flucht. Viele hatten nahe Familienangehörige verloren, sei es durch ein Abreißen des Kontakts oder den Tod. Ihnen allen wurde sehr plötzlich ihre Lebensgrundlage entzogen, was die meisten Erzählungen ergreifend und traurig macht. Nun befanden sich die Flüchtlinge in einem fremden Land unter dem Schutz der Besatzungsmacht.

In den letzten Kriegsmonaten kamen über 200.000 deutsche Flüchtlinge nach Dänemark. Der Verlauf des Krieges ließ die deutsche Zivilbevölkerung, insbesondere Frauen und Kinder, einen hohen Preis bezahlen. Bei der deutschen Kapitulation hielten sich mehrere Millionen vertriebene Menschen in den Ruinen des Dritten Reichs auf, weitere drei Millionen in Europa verstreut – auch in Dänemark. Vergeltungsaktionen, veränderte Landesgrenzen und die Umsiedlung von Menschen waren nur einige der zahlreichen Konsequenzen des Krieges.

Schätzungen zufolge verloren 70 bis 85 Millionen Menschen während des Krieges ihr Leben. Daher mag das Schicksal der deutschen Flüchtlinge in der Gesamtschau recht unbedeutend erscheinen, doch aus dänischer Perspektive birgt diese Fluchtgeschichte eine beispiellose Heftigkeit. Sie ist reich an Unglück, Leid und Familientragödien, doch in all dem Elend schimmern auch schwache Lichtblicke durch, sei es die Freude, am Leben zu sein, eine glückliche Wiedervereinigung mit der Familie oder das unmittelbare Vergnügen an einem bescheidenen Mahl.

Das Buch handelt von der Begegnung dieser Menschen mit den Dänen und den dortigen Behörden. Diese Geschichte regt zum Nachdenken an. Krieg und Zufall brachten die Flüchtlinge ins besetzte Dänemark, wo sie nach der Befreiung abgesondert von der Außenwelt lebten und zugleich versuchten, ins Leben zurückzufinden. Hinter Stacheldraht in einem fremden Land, dessen Bevölkerung gerade von einer verhassten Besatzungsmacht befreit worden war, die obendrein auch noch die eigenen Landsleute der Flüchtlinge waren. Aus diesem Grund waren die deutschen Flüchtlinge alles andere als beliebt. Vom Wohlwollen ihrer dänischen Gastgeber abhängig, träumten viele von einer Rückkehr, was kurz nach Kriegsende unmöglich war. Erst ab November 1946 konnte mit Rückführungen in ein neues Deutschland begonnen werden, oft in eine unbekannte Gegend, weshalb die Heimkehr mitunter zu Enttäuschung führte. Für viele war das folgende Jahrzehnt gleichbedeutend mit einer langwierigen und beschwerlichen Integration. Pommern, Ost- und Westpreußen waren verloren gegangen und lagen nun auf der anderen Seite des Eisernen Vorhangs, der Europa in Ost (mit kommunistischen Diktaturen) und West (mit freiheitlichen Demokratien) teilte. Viele Flüchtlinge sahen ihre Heimat nie wieder.

Der letzte deutsche Flüchtling verließ Dänemark vor mehr als siebzig Jahren, im Februar 1949, und die Berichte der Flüchtlinge geben Auskunft darüber, wie ein demokratischer Staat solch eine schwierige Herausforderung wie die Aufnahme der

Landsleute der Besatzungsmacht meisterte. Die berührenden Geschichten der Flüchtlinge verstecken sich in Tagebüchern und Briefen. Die ergreifenden Berichte über Flucht, unglückliche Kriegsschicksale und ein Leben hinter Stacheldraht haben uns noch heute etwas zu sagen. Sie erzählen vom menschlichen Bedürfnis nach einem Dach über dem Kopf, Essen und Geborgenheit, doch auch, dass mitten im Unglück immer Hoffnung auf eine Zukunft besteht. Gerade aus diesem Grund mahnt die Geschichte der deutschen Flüchtlinge zur Reflexion.

Deutsche Flüchtlinge verlassen die Heimvolkshochschule in Fårevejle und begeben sich zum Bahnhof. Im Mai 1945 wurde die Anzahl der Einquartierten in dem Ort mit ungefähr Dreihundert angegeben. Die deutschen Behörden hatten viele Heimvolkshochschulen und Schulen beschlagnahmt. Deren neue Bewohner wurden nach der Befreiung in andere Lager überführt. Das Foto entstand am 8. Juli 1945.
|| Niels M. Nielsen/ Odsherred Lokalarkiv

Ein
dänisches
und
deutsches
Problem

Die Geschichte der Verlierer

Berichte in dänischen Medien über deutsche Flüchtlinge bereiteten im besetzten Dänemark Anlass zur Sorge. Im Land waren bereits einige Hunderttausend Soldaten der Besatzungsmacht stationiert, und nun sollte auch noch ihre Zivilbevölkerung kommen:

„Am 12. Februar war der Krieg den südjütländischen Städten so nah wie nie zuvor. Denn da hielt der erste Flüchtlingsstrom von der Ostfront Einzug. Aabenraa meldet, dass in dem langen Sonderzug fast ausschließlich Frauen und Kinder sind."

Der Reichsbevollmächtigte für Dänemark, Werner Best (1903-1989), teilte dem Leiter des dänischen Außenministeriums, Nils Svenningsen (1894-1985), im deutschen Hauptquartier im Dagmarhus in Kopenhagen hinter verschlossenen Türen mit, dass verletzte deutsche Soldaten ins Land kämen. Svenningsen akzeptierte diese humanitäre Aufgabe, machte sich aber alsbald Sorgen, als Best wenige

In Dänemark wurde die Situation immer chaotischer und die Anzahl der Flüchtlinge immer größer. Viele hatten während der Überfahrt von Deutschland nach Dänemark gehungert. || Christoffersen/Frihedsmuseet/Nationalmuseet

Tage später ankündigte, es sollten obendrein deutsche Zivilisten nach Dänemark überführt werden. Aus Sicht Berlins und der Besatzungsmacht vor Ort war die Unterbringung von zivilen Flüchtlingen im vom Krieg verschont gebliebenen Dänemark eine ausgezeichnete Idee, wie Best anmerkt:

„Von den Ruinen in Deutschland aus betrachtet sind die Zustände hier im Land paradiesisch, und man würde in Deutschland nicht verstehen können, dass ausgerechnet in Dänemark keine besonders günstigen Voraussetzungen bestehen sollten, um beispielsweise eine große Anzahl verwundeter Soldaten unterzubringen."

Svenningsen befürchtete einen steigenden und unkontrollierten Strom ziviler Flüchtlinge nach

Dänemark, der politisch wie wirtschaftlich sowie in Hinblick auf die Aufrechterhaltung von Ruhe und Ordnung folgenschwere Auswirkungen auf das Land haben könnte.

Die dänische Regierung hatte am 29. August 1943 ihren Rücktritt erklärt, die Fortführung der diplomatischen Beziehungen zu Nazideutschland und Werner Best lag fortan in den Händen des Ministerialbeamten und Diplomaten Nils Svenningsen. Dänemark war – vermutlich aufgrund seiner pragmatischen Haltung gegenüber Deutschland – im Vergleich zu fast allen europäischen Ländern recht günstig durch den Weltkrieg gekommen. Jetzt hatte Svenningsen Bedenken, das Land könne in der Schlussphase in den Krieg hineingezogen werden. Am 21. Februar 1945 wurde Svenningsen erneut im deutschen Hauptquartier vorstellig und teilte Best die Forderung von dänischer Seite für die Aufnahme ziviler Flüchtlinge aus Deutschland mit: die Freilassung der im Herbst zuvor inhaftierten und deportierten 1.458 dänischen Polizisten. Svenningsen knüpfte somit die Aufnahme von Flüchtlingen an die Freilassung deportierter Dänen.

Es ist unklar, ob Svenningsens Verhandlungen dazu führten, dass Best die dänischen Forderungen zum Beispiel bis zum Reichsführer-SS Heinrich Himmler (1900-1945) weitertrug. Allerdings gelang es dem Schwedischen Roten Kreuz unter Leitung des Diplomaten Folke Bernadotte (1895-1948) und mithilfe der dänischen Schwesterorganisation, zwischen Februar und Mai 1945 ungefähr 30.000 KZ-Häftlinge nach Schweden in Sicherheit zu bringen. Selbst Best konnte sich den Befehlen Adolf Hitlers (1889-1945) nicht widersetzen, ob er wollte oder nicht. Es darf bezweifelt werden, dass er überhaupt etwas unternahm. Svenningsen muss zur Einschätzung gelangt sein, dass er durch seine nüchterne Art und im Rahmen seiner sehr begrenzten Möglichkeiten versuchen musste, Dänemark so gut wie möglich aus dem Krieg herauszuhalten. Und das verlangte seiner Auffassung nach einer Verlangsamung des Flüchtlingsstroms.

Anfang 1945 erhielt Werner Best von Hitler den Befehl, die geflüchteten deutschen Zivilisten „aus den Ostgebieten des Reichs vorübergehend zurückzuführen und im Reich und in Dänemark einzuquartieren". Gemeinsam mit dem Oberbefehlshaber der deutschen Truppen in Dänemark, Generaloberst Georg Lindemann (1884-1963), wurde beschlossen, die Flüchtlinge während ihrer Zeit in Dänemark geschlossen in Lagern und aus Sicherheitsgründen nur in Jütland unterzubringen. Bei einer Verteilung auf die dänischen Inseln wäre es im Falle von Kampfhandlungen oder einer Invasion schwierig gewesen, sie in Sicherheit zu bringen. Eine Einquartierung bei Privatpersonen war nur bei der deutschen Minderheit Südjütlands eine Option, wo es für rund 10.000 Menschen Platz gegeben hätte. Die Wehrmacht sollte für die Verpflegung sorgen, Best die Organisation übernehmen. Anfangs kamen die Geflüchteten über Flensburg in südlich gelegene Städte wie Aabenraa, Haderslev und Sønderborg, im Laufe des Februars erreichten sie jedoch ganz Jütland. Die deutsche Führung entschied, die dänische Bevölkerung über die Pläne einer bevorstehenden Evakuierung von 150.000 Deutschen zu informieren. Das Finanzielle war aus Sicht der Deutschen keinerlei Problem, da die Kosten für Aufenthalt und Verpflegung der Flüchtlinge durch das Clearingkonto der Nationalbank beglichen wurden, das zur Verrechnung der Importe von deutschen Industriegütern nach Dänemark und der Exporte von dänischen Agrarprodukten nach Deutschland diente. Zudem gab es ein Wehrmachtskonto, auf das die für die Nationalsozialisten tätigen dänischen Firmen einzahlten. Somit finanzierten beide Konten die deutsche Besatzung.

Bald schon entstanden Meinungsverschiedenheiten zwischen den deutschen Stellen in Dänemark. General Lindemann war mit der Zuteilung der vereinbarten Essensrationen an die Flüchtlinge nicht einverstanden, doch als aus Berlin die Order kam, er habe eine bessere Verpflegung sicherzustellen, musste sich selbst der General fügen. Berlin wies zudem an, deutsche Flüchtlinge künftig auch in Lagern auf Seeland und Fünen einzuquartieren, da sie dort im Falle einer sowjetrussischen Invasion des Osten Deutschlands sicherer seien.

Lindemann war unzufrieden und verlangte die Entbindung von solch einer gewaltigen Aufgabe, die die Unterbringung und Verpflegung von immer mehr Flüchtlingen bedeutete. Seiner Ansicht nach war es nicht möglich, Frauen und Kinder versorgen und gleichzeitig die Schlagkraft des Heeres erhalten zu können. Die deutschen Flüchtlinge im besetzen Dänemark waren mit anderen Worten für ihre eigenen Landleute zum Problem geworden.

Während die Führung der Besatzungsmacht diskutierte, kamen die Flüchtlinge zu Tausenden an. Unter ihnen befand sich Frau Dieckmann, die am 10. März 1945 Dänemark erreichte. Zunächst hatte ihre Familie geglaubt, nach Lübeck und später nach Rügen zu gelangen, aber sie gingen in Kopenhagen von Bord. Dort wurden sie von Wehrmachtssoldaten in Empfang genommen und in eine Polizeikaserne gebracht, wo sie ein Bad nehmen konnten. Eine Deutsche erteilte den strikten Befehl, kein Essen anzurühren, da sie lange nichts gegessen hätten, deshalb gebe es nur Haferbrei, damit sich die Mägen wieder an Essen gewöhnen könnten. Nach nur einem Tag in der Kaserne erfuhren sie von ihrer Verlegung. Frau Dieckmann berichtet, wie sie zunächst auf einen Viehwagen verfrachtet worden seien und der Zug auf dem Weg zu seinem Bestimmungsort Vestervig in Nordwestjütland einer Sabotage zum Opfer gefallen sei. In Vestervig erfolgte die Unterbringung in einem Hotel, in dem Soldaten zusätzliche Betten aufstellten, damit die kleine Flüchtlingsgruppe zusammen in einem Zimmer schlafen konnte. Tags drauf erfolgte die Registrierung durch Wehrmachtssoldaten, bei der sie alles abgeben mussten, Frau Dieckmann unter anderem ihr Sparbuch. Einige nähten ihren Schmuck in Kleidung ein, um ihn zu retten. Auch das Geld wurde ihnen abgenommen:

„Und dann hieß es, wenn ihr nach Deutschland zurückkehrt, bekommt ihr das an der Grenze wieder. Und das war auch so. Und dann wurden wir behandelt wie Soldaten. Bekamen von ihnen die Verpflegung jeden Tag, Geld wie die Soldaten, Zigaretten wie die Soldaten, gin[g] uns eigentlich prima, wie in einem Schlaraffenland [...]. Wir gingen viel spazieren. Es war ein neues Land, und ich war noch nie zuvor im Ausland gewesen. Von dem Geld, was wir ausbezahlt bekamen, kaufte ich mir ein Paar Schuhe, denn wir hatten nichts mehr."

Nach der Befreiung wurde Frau Dieckmann in das verlassene Militärlager bei Aggersund im Norden Jütlands verlegt, später nach Frederikshavn.

Herr Klein war mit dem letzten Schiffstransport gekommen und bereits am darauffolgenden Tag, dem 5. Mai, in Kopenhagen eingetroffen. Die Orestis lag mit ihren vielen Flüchtlingen an Bord für die nächsten vierzehn Tage vor Anker, unter ihnen war Kleins Gruppe von Hitlerjungen. Es gab nichts zu essen und die hygienischen Verhältnisse waren

katastrophal. „Die Dänen hatten aus heutiger Sicht
sicherlich eine ziemliche Wut auf die Deutschen",
erinnert er sich. Klein und die anderen rechneten
damit, bald wieder nach Hause kommen zu können.
Aber daraus wurde nichts. Stattdessen verfrach-
tete sie ein Zug ins Lager Avedøre in der Nähe von
Kopenhagen, das mit seinen vierhundert Soldaten
und rund 1.500 Flüchtlingen zu den relativ kleinen
zählte. Das Lager wurde von Dänen bewacht. Kleins
Hitlerjungen-Gruppe mischte sich nicht unter die
anderen Flüchtlinge. Stattdessen gingen sie ihrer
Arbeit nach und sangen Nazilieder, bis das Auf-
sichtspersonal ein Verbot verhängte.

Die Nachricht, dass eine größere Anzahl deutscher Flüchtlinge ins besetzte Dänemark evakuiert
werden solle, stieß in der dänischen Bevölkerung
keineswegs auf Gegenliebe und stellte die Besatzungsmacht vor eine gewaltige logistische Herausforderung. Ihr waren die vielen Flüchtlinge im
wahrsten Sinne des Wortes in die Quere gekom-

men. Die zurückgelassenen Zivilisten blieben mit ihrem großen menschlichen Leid allein, da sie bloß weitere Opfer des Krieges unter den unzähligen anderen waren. Über diese Geschichte wollte niemand sprechen, geschweige denn sie hören.

Dies ist die Geschichte der Verlierer.

Landesverrat

„Mitleid mit den Deutschen ist Landesverrat." So knapp lässt sich die Haltung in den illegalen Zeitungen gegenüber den deutschen Flüchtlingen im Frühjahr 1945 umschreiben. Dort erfuhren die Dänen von Geschehnissen, über die die zensierte dänische Presse nichts schrieb. Widerstandskämpfer ließen in den Artikeln ihrer aufgestauten Frustration freien Lauf, oft ungefiltert und äußerst konfrontativ.

Im März 1945 schrieb die Untergrundzeitung *De Frie Danske* (dt.: Die freien Dänen), dass Schätzungen der Deutschen zufolge Dänemark für mehrere Hunderttausend Flüchtlinge aus Ostpreußen, Pommern und anderen Provinzen Platz biete und sie nun über die Grenze hereinströmten – verlaust, zerlumpt, hungrig und krank:

„Unter normalen Umständen wären unsere Herzen weich. Denn Kinder sind Kinder, auch wenn sie die unseres Feindes sind. Frauen sind schwach, auch wenn sie das Hakenkreuz tragen [...], doch wir dürfen kein Mitleid haben."

Es wäre ein Verrat an Dänemark, eine Unterstützung Hitlerdeutschlands und führe zu einer Verlängerung des Krieges, lautete die Argumentation:

„Wir sollen durch unsere Gefühle für die Frauen und Kinder der Nazis überlistet, unser Hass und

unsere Verachtung auf die tyrannische Clique geschwächt werden. Von deutscher Seite gab es kein Mitleid mit der polnischen Bevölkerung, als diese nach dem Überfall 1939 zum Objekt der systematischen Ausrottung wurde. Im Naziland fand sich keine Mitmenschlichkeit, als die Juden wie Ratten in Gaskammern gesperrt wurden. [...] Selbst die Kinder treten wie kleine Hitler auf und zeigen uns ihre Verachtung."

Im Stadtbild irritierten die deutschen Flüchtlinge, und in demselben Artikel war zu lesen, wie arrogant und unverschämt sich die Flüchtlingsfrauen aufführten. In der Zeitung *Frit Danmark* (dt.: Freies Dänemark) klang das im Artikel „Parasitterne" (dt.: Die Parasiten) im April 1945 folgendermaßen:

„Die Deutschen können uns nicht länger instruieren, leichtgläubig zu sein. [...] Nicht einmal unser Gedächtnis ist so kurz. Wir erinnern uns an die Vernichtung der Juden und politischen Gegner. [...] Wir erinnern uns an die Behandlung der Polen und Russen in den ersten Kriegsjahren, wir erinnern uns an die Kindsmörder, die Gaskammern in Majdanek, wir erinnern uns, wie die Zivilbevölkerung Russlands und Polens zu Hunderttausenden in den Tod getrieben wurde. [...] An Deportation und Inhaftierung vieler der besten Söhne und Töchter Dänemarks, Mord, Folter und Hinrichtungen in immer größerem Ausmaß."

Die Botschaft der illegalen Presse lautete, eine verbrecherische Macht halte das Land das fünfte Jahr in Folge besetzt, niemand solle mit Verbrechern verhandeln, weshalb Widerstand der einzig gangbare Weg sei. Nicht nur gegen die Gestapo oder Wehrmachtssoldaten, sondern auch gegen die Frauen und Kinder der Deutschen. Ihnen gegenüber Mitleid zu zeigen, kam einem unwürdigen patriotischen Verhalten und somit Landesverrat gleich. Sicher, die Deutschen fürchteten sich vor den sowjetischen Truppen, aber hatten die Dänen vielleicht jemals von einem Protest der Deutschen gehört, wenn die Gestapo dänische Widerstandskämpfer beim Verhör durchprügelte oder dänische Polizisten in deutschen Konzentrationslagern ums Leben kamen? Der Ton war rau und unversöhnlich, doch der Verweis der Widerstandsbewegung auf die Verbrechen der Nationalsozialisten stimmte.

In der letzten Phase der Besatzungszeit waren die Grenzen klar gezogen worden, dies schloss nicht nur Flüchtlingskinder, sondern auch Dänen ein. So beispielsweise in einem Artikel in *De Frie Danske* über einen Flüchtlingszug, der am Bahnhof von

Birkerød ankam. Der Zug war voll abgemagerter, schmutziger und erschöpfter Flüchtlinge, deren neugierige Augen den Bahnsteig nach etwas Essbarem absuchten. Der Anblick der ausgehungerten Frauen und Kinder ließ das Bahnhofspersonal vergessen, dass es sich nicht um einen Zug aus Dänemark handelte, sondern um einen des Feindes, der ungefragt durchs Land fuhr. Ein Angestellter hatte eine Geldsammlung vorgeschlagen, die umgehend erfolgte und rund vierzehn Kronen einbrachte, woraufhin Plundergebäck für die Flüchtlinge gekauft wurde. „Dies geschah im fünften Kriegsjahr, in dem Dänemark und die Dänen unter der deutschen Tyrannei geblutet und gelitten haben", hieß es.

Eine öffentliche landesweite Schelte für einen Eisenbahner, der bloß seinem Gewissen folgte, war 1945 Realität. Und auf den Tadel folgte eine Kritik an jenen Dänen, die während des Krieges nur ihre täglichen Annehmlichkeiten verloren hatten. *De Frie Danske* zufolge konnten viele Dänen immer noch nicht verstehen, dass sentimentales Mitleid für die Feinde des Landes fehl am Platze sei. Sie hätten nämlich nicht begriffen, dass Deutschland selbst und nicht die Dänen sämtliche Gebote menschlicher Barmherzigkeit über Bord geworfen hatte, die früher ein grundlegender Bestandteil jeder Kulturnation gewesen sei. Der Nationalsozialismus habe Begriffe wie Barmherzigkeit, Mitleid und Gerechtigkeit bewusst ausgerottet und durch Vergeltung, Hass und Terror ersetzt.

In der Untergrundpresse gibt es viele Beispiele für die Unzufriedenheit über die Ankunft der deutschen Flüchtlinge in Dänemark. So stellte beispielsweise die Anwesenheit von Flüchtlingen in einem Kopenhagener Restaurant ein „widerwärtiges undänisches Auftreten" dar, als drei bedauernswerte Flüchtlinge ohne Essensmarken essen wollten und der Kellner fünf Zigaretten gegen ein Mittagessen eintauschte. Der Verfasser hatte am selben Tag beobachtet, wie in einer Bäckerei Weißbrot an Flüchtlinge ausgehändigt wurde, obwohl sie keine Rationierungsmarken besaßen.

Im letzten Jahr der Besatzung gerieten allgemeine Hilfsbereitschaft und Humanität immer häufiger in Konflikt mit dem nationalen Gewissen, das selbstverständlich auch ein Element der sozialen Kontrolle in sich trug. Die Verweichlichten und nationalen Abweichler würden sich täuschen lassen, wie der Artikel am Ende mit Nachdruck betont:

„Kein einziger Mensch, dessen Herz für Dänemark schlägt, braucht unseren Feinden und dessen Nachkommen freiwillig auch nur einen Brotkrümel reichen."

Viele Beispiele belegen die aufgeheizte Stimmung, sobald Entgegenkommen oder Mitleid gegenüber dem Feind oder „Herrenvolk", wie die illegale Presse die Deutschen oft bezeichnete, gezeigt wurde. Die deutschen Flüchtlinge stellten für die meisten Dänen ein irritierendes Moment dar, doch in der Untergrundpresse wurden Widerstand und Hass angefacht und geschürt. Nur eine absolute Minderheit der Dänen fand Hitler und seine Nazi-Schergen nicht abscheulich. Die ausgeprägte antideutsche Haltung und der Hass jener Zeit lassen es vielleicht nachvollziehbarer erscheinen, warum dänische Ärzte beispielsweise im Freihafen von Kopenhagen deutschen Flüchtlingen ihre Hilfe verwehrten. Denn im günstigsten Fall riskierte ein Arzt, verurteilt und als Landesverräter abgestempelt zu werden, im schlimmsten Fall riskierte er sein Leben.

Das Dilemma der dänischen Ärzte

Während der Besetzung Dänemarks kümmerte
sich die Besatzungsmacht um die einströmenden
Flüchtlinge aus dem Osten. Und bis zur Befreiung
lag diese Aufgabe vollständig in den Händen der
deutschen Instanzen, ganz ohne dänische Mit-
wirkung. Ein Aspekt ist seitdem allerdings immer
wieder diskutiert worden, nämlich, ob dänische
Ärzte indirekt zu einer humanitären Katastrophe
beitrugen, indem sie kranken und geschwächten
Flüchtlingen die Hilfe versagten. Die unzureichen-
de ärztliche Versorgung der Flüchtlinge wurde
für die Besatzungsmacht ein immer dringlicher
werdendes Problem, und am 6. März 1945 wurde in
Südjütland bekannt, dass deutsche und dänische
Ärzte die Untersuchung der Ankommenden organi-
sieren würden.

Die Situation im besetzten Dänemark brachte
die dortigen Ärzte in eine schwierige Lage. In der
Bevölkerung herrschte ein ausgeprägter Widerwil-
len, an Hass grenzend, gegen die Deutschen. Diese
harte Linie in Bezug auf die ärztliche Versorgung
der deutschen Flüchtlinge kam am 21. März 1945 in
einem Aufruf des Freiheitsrats, der Dachorganisati-
on der Widerstandsbewegung, unmissverständlich
zum Ausdruck:

„Bei den jüngsten Flüchtlingstransporten von
Deutschland nach Dänemark ist es aufgrund der
unzureichenden deutschen Organisation vorge-
kommen, dass deutsche Schwangere, todkranke
Kleinkinder und Menschen mit gefährlichen Epidemien in dänische Krankenhäuser eingewiesen
und von dänischen Ärzten und Krankenschwestern
behandelt werden mussten. Trotz der unmenschlichen Behandlung von dänischen Staatsbürgern
durch die Deutschen ist diese Nothilfe erfolgt.

Dänische Ärzte und Krankenschwestern haben in Einzelfällen kranke Menschen in Not behandelt, seien es Deutsche, Alliierte oder dänische Saboteure gewesen – selbst bei Androhung von Gefängnis, doch das ist keine Aufgabe für das dänische Volk. [...] Wenn verschiedentlich Vorschläge gemacht wurden, die Flüchtlinge großzügig zu unterstützen, um als Gegenleistung auf eine bessere Behandlung der internierten dänischen Grenzsoldaten, Polizisten und eventuell anderer zu hoffen, muss festgehalten werden, dass davon keine Rede sein kann. Falls die Deutschen kurz vor zwölf einsehen, dass die Behandlung der deportierten dänischen Staatsbürger eine Schande für das deutsche Volk ist und sie versuchen, Abhilfe zu schaffen, ist das gut, rechtfertigt aber nicht zu der Erwartung von Gegenleistungen der dänischen Seite."

Neue Flüchtlingsströme führten zu einer immer kritischeren Situation. Mitte März versuchte die Besatzungsmacht über den Direktor des Dänischen Roten Kreuz, Helmer Rosting (1893-1945), Ärzte, Krankenschwestern und Medikamente zu beschaffen – sowie Platz für 50 Säuglinge, deren Mütter getötet worden, gestorben oder verschwunden waren, zu schaffen. Nach ein paar Tagen Bedenkzeit lehnte der ansonsten nazifreundliche Rosting mit der Begründung ab, dies laufe der Stimmung im Volke zuwider. Hierauf nahm die Besatzungsmacht Kontakt zum dänischen Ärzteverband auf, mit dem bereits eine bis zum 25. März geltende Vereinbarung zur Mithilfe dänischer Ärzte bei der Behandlung von akuten und lebensbedrohlichen Krankheiten unter den deutschen Ostflüchtlingen bestand. Sie galt jedoch nicht darüber hinaus. In Südjütland waren Ärzte der deutschen Minderheit allerdings weiterhin zur medizinischen Versorgung bereit.

Der Aufruf des Freiheitsrats illustriert deutlich die Auffassung der Widerstandskämpfer, Dänemark befinde sich im Krieg, und das Verständnis der dänischen Bevölkerung für die unversöhnliche Haltung der Widerstandsbewegung wurde durch zahlreiche Rachemorde und Hinrichtungen von dänischen Untergrundkämpfern verstärkt. Das war beispielsweise bei der Ermordung von vier jungen Ärzten in Odense am 20. Februar 1945 der Fall. Und nur einen Monat später wurden am 26. März zwei weitere Ärzte umgebracht, Dr. med. Johannes Buchholtz (1886-1945) und der chirurgischer Oberarzt Paul Fjeldborg (1885-1945). Dass der Widerstand sowie der dänische Ärzteverband die medizinische Versorgung deutscher Flüchtlinge ablehnten, während die Deutschen an der Ermordung ihrer Mitglieder und Kollegen direkt oder indirekt beteiligt waren, ist nachvollziehbar. Der Journalist Terkel M. Terkelsen (1904-1985) drückte dies in seinem Londoner Exil folgendermaßen aus: „Wie hätten dänische Ärzte ihre tiefe Verachtung gegenüber dem Terror der Besatzungsmacht sonst ausdrücken sollen?"

Doch es gab weiterhin genügend kranke und notleidende Flüchtlinge. Anfang April 1945 wurde Werner Best davon unterrichtet, dass die dänischen Ärzte seit dem Auslaufen der Vereinbarung am 25. März keine Flüchtlinge mehr behandeln mussten. Es hatte jedoch ein Missverständnis gegeben, und die dänischen Ärzte willigten ein, auf Anfrage Krankenbesuche vorzunehmen. Die Übernahme einer ständigen ärztlichen Inspektion in den Flüchtlingslagern lehnten sie stattdessen ab. Es lässt sich allerdings schwer einschätzen, welche Bedeutung der Vereinbarung zukam, da die deutschen Vergeltungsaktionen ihren Höhepunkt erreicht hatten und die Zeitungen mit Berichten von Übergriffen,

Morden und Hinrichtungen von Dänen überquollen, was die Hilfsbereitschaft nicht förderte.

Am 28. März 1945 verschickte das Innenministerium ein Rundschreiben zur Behandlung von deutschen Flüchtlingen. Der Tenor des Schreibens war ablehnend, ließ aber eine kleine Lücke:

„Dänische Krankenhäuser dürfen mögliche Patienten unter den deutschen Flüchtlingen abweisen, außer wenn es bestimmte Umstände, besonders die Art der Erkrankung, erforderlich machen. Die deutschen Behörden haben erklärt, dass Patienten unter den Flüchtlingen in der Regel an deutsche Lazarette überwiesen werden. [...] In Fällen, in denen eine sofortige ärztliche Hilfe zur Abwendung einer drohenden Lebensgefahr erforderlich ist, darf der Patient zur vorläufigen Behandlung aufgenommen werden."

Drohende Lebensgefahr und besondere Umstände waren die Ausnahme der Regel. Bei den besonderen Umständen handelte es sich wahrscheinlich um Infektionskrankheiten, die auch für die dänische Bevölkerung hätten gefährlich werden können. Wir wissen nicht, wie die dänischen Krankenhausärzte das Rundschreiben interpretierten, doch die Stimmung sprach dafür, sich passiv zu verhalten, da jedweder humanitäre Akt gegenüber den Deutschen mit einer öffentlichen Verurteilung und einem Vorwurf des Landesverrats einhergehen konnte.

Ein Deutscher war ein Deutscher.

Die Kluft zwischen richtig und falsch war deutlich tiefer als je zuvor. Die Begründung des Ärzteverbands für die Ablehnung ärztlicher Unterstützung war offiziell nicht die Furcht vor Repressalien, sondern hatte eher einen technokratischen Charakter. Die deutschen Flüchtlinge seien nämlich gegen

POLITIKEN

Kl. Aargang Nr. 214.

Danmark atter frit

Montgomery meddelte Kl. 20,30 i Aftes, at de tyske Tropper i Danmark har kapituleret fra i Dag Kl. 8

Endeløs Jubel hilste Budskabet fra Hundredtusinder, der drog gennem Københavns Gader

Al tysk Modstand i Nordvesttyskland er ophørt.

Feltmarskal Montgomery har meddelt General Eisenhower, at alle tyske Styrker i Holland, Nordvesttyskland og Danmark, inklusive de frisiske Øer, havde overgivet sig til 21. Armégruppe med Virkning fra Kl. 8.00 dobbelt britisk Sommertid.

Denne Overgivelse paa Slagmarken omfatter de Styrker, der nu staar overfor 21. Armégruppe paa den nordvestlige Flanke.

Den første Meddelelse, om at Danmark atter var frit, kom over den danske Radio fra London Kl. 20,30 i Aftes, idet Speakeren i Begyndelsen af Udsendelsen udtalte:

— Montgomery har i dette Øjeblik meddelt, at Tyskerne i Holland, Nordvesttyskland og Danmark har overgivet sig.

Meddelelsen blev gentaget senere i Udsendelsen, derefter spilledes »Kong Christian« og »Der er et yndigt Land«. Senere meddeltes at Kapitulationen traadte i Kraft i Dag til Morgen Kl. 8, og Kl. 8-9 vilde Kirkeklokkerne ringe over hele Danmark.

Den store og længe ventede Nyhed var i samme Øjeblik kendt over hele Byen. Som efter en fælles Indskydelse drog Folkemassen til Amalienborg for at hylde Kongen.

I Aftenens Jubelfest var Raadhuspladsen Samlingsstedet. Politikens Lysavis kom i Gang efter at have staaet stille i over fem Aar, paa Raadhuset tændtes Lys i alle Vinduer og paa Rich's Hus blev Lysreklamerne tændt. En Skov af smaa Dannebrogsflag dukkede frem.

En dyb Skuffelse var det, at Norge ikke var mellem de Omraader, hvor Tyskerne havde kapituleret, og flere Gange i Aftenens Løb blev „Ja, vi elsker —" istemt af Folkemængden, som var den største, der nogen Sinde har været samlet paa Raadhuspladsen.

Montgomery til Danmarks Grænse i Dag Kl. 10

Han modtages i Krusaa af danske Embedsmænd med Amtmand Refslund Thomsen i Spidsen

Krusaa, Fredag Nat.

Amtmand Refslund Thomsen vil i Morgen tidlig sammen med Afdelingschef Hvass og Sekretær Bjarne Paulsson komme til Krusaa for som Repræsentanter for de danske Myndigheder at modtage Englænderne.

Man venter, at de første af Montgomerys „Ørkenrotter" vil være paa dansk Jord omkring Kl. 10, forudsat at de sætter sig i Bevægelse fra Rendsborg Kl. 8, naar Kapitulationen er en Kendsgerning.

Vilh. Buhl danner Regering

18 Medlemmer i den nye Regering. 9 fra Frihedsraadet

Kongen har i Aftes anmodet fhv. Statsminister Vilh. Buhl til at danne den nye Regering. Hr. Buhl har modtaget Kongens Opfordring, og den officielle Udnævnelse af Ministeriet vil foreligge Dag til Morgen. Den nye Regering vil komme til at bestaa af 18 Medlemmer, 9 fra de politiske Partier og 9 fra Modstandsbevægelsen. Straks efter Udnævnelsen vil den nye Regering træde sammen til sit første Møde.

Det er Muligheder for, at Signeture vil træde sammen allerede i Dag. Det bliver det første Møde i den danske Regering siden 29. August 1943.

Fra Raadhuspladsen w.... (Abbr. Fuld Jubilant, strammet med Hornet troppies og tand i Luunten – smaating „Politiken's Hus, endtil de pludselig maatte slynte af sted, jaget paa Flugt af tyske Soldaters Skud.

den Protest der dänischen Behörden ins Land gekommen, weshalb die Ärzte des Landes gemäß dem Völkerrecht – den zwischenstaatlichen Regelungen im Gegensatz zum nationalen Recht – nicht zu ihrer Behandlung verpflichtet seien.

Die Konsequenzen aus der Haltung des Freiheitsrats und des Ärzteverbands sind im Nachhinein erörtert worden, weil es unter den Kleinkindern bis zu zwei Jahren eine massive Sterblichkeitsrate gab. Wissenschaftler und Autoren wie Arne Gammelgaard (geb. 1928), Kirsten Lylloff (geb. 1941) und Leif Hansen Nielsen (geb. 1955) haben darüber debattiert, ob dies eine Folge der unzureichenden ärztlichen Versorgung oder der harten Flucht im Winter gewesen sei. Zwischen dem 1. Januar 1945 und 30. Juni 1945 starben 6.540 deutsche Kinder, während die Sterblichkeitskurve zwischen dem 1. Juli 1945 und 31. Januar 1946 mit 1.319 Toten stark abfällt. Ein Vergleich der Kindersterblichkeit zwischen dem Süden Jütlands, wo deutsche Flüchtlinge bei Privatpersonen einquartiert waren und es medizinische Versorgung gab, und dem übrigen Dänemark zeigt, dass die Kindersterblichkeit in Südjütland mit 2,3 % unter dem Landesdurchschnitt von 3,3 % (1945) lag. In beiden Fällen war das Niveau recht hoch.

Rechnet man die Zahl aus Südjütland in Menschenleben um, entspräche dies für das Jahr 1945 5.635 toten Kindern auf Landesebene, doch die tatsächliche Zahl für das gesamte Land betrug 7.746. Die Zahlen verbergen allerdings, dass die Mehrzahl der Flüchtlinge in Südjütland im Februar und März ankam, als die Verhältnisse weniger chaotisch waren als im April und Mai, als der Großteil der Flüchtlinge eintraf und aufs übrige Land verteilt wurde. Die Zahlen aus Südjütland lassen den Schluss zu, dass viele Kinder trotz ärztlicher Behandlung nicht gerettet werden konnten.

Was soll nun geschehen?

Bis zur deutschen Kapitulation hielten sich die Flüchtlinge in deutschen Militärlagern, Schulen sowie Kirchengemeindehäusern in ganz Dänemark auf. Sie konnten sich frei bewegen und erhielten von der Besatzungsmacht ein Taschengeld. Mitunter waren die nachgefragten Waren in den Geschäften „leider ausverkauft". Die Zeit bis zur deutschen Kapitulation bezeichnen ehemalige Flüchtlinge als die beste. Auch wenn von Luxus keine Rede sein konnte. Die Menschen schliefen in Klassenzimmern oder Sporthallen auf Stroh. Nicht überall waren die hygienischen Verhältnisse gut, was zum Ausbruch von Ruhr und anderen Infektionskrankheiten führte, die für die zumeist geschwächten Flüchtlinge und die Kleinsten unter ihnen lebensbedrohlich sein konnten.

Besonders im Großraum Kopenhagen hielten sich viele Flüchtlinge auf. Ende April 1945 waren für sie gut hundert Gebäude beschlagnahmt worden, darunter 58 Schulen, in denen ungefähr 26.000 Flüchtlinge unterkamen. Schätzungen zufolge hielten sich insgesamt 50.000-60.000 Flüchtlinge in der Hauptstadtregion auf. Dass ihre Zahl nicht höher lag, obwohl über 272.000 Flüchtlinge und verletzte Soldaten in Kopenhagen angekommen waren, liegt an ihrer allmählichen Verteilung auf das übrige Land. Bei der Befreiung befanden sich im Freihafen von Kopenhagen immer noch circa 35.000 von ihnen.

In den Schulen, Hotels, Kirchengemeinden und Militärlagern erfuhren die Flüchtlinge die neusten Nachrichten über den ungünstigen Kriegsverlauf für Nazideutschland. Viele erinnern sich an das Gerede über die Entwicklung einer neuen Wunderwaffe, an der Wernher von Braun (1912-1977) unter den Nationalsozialisten arbeitete und die kurz vor Ende das Kriegsgeschehen wenden sollte. Die Flüchtlinge erfuhren dort auch vom Fall des Führers, was sich im Nachhinein als letzte Lüge des Regimes erweisen sollte. Denn später kam Hitlers Selbstmord heraus.

„Gegen 21:00 Uhr kam eine Dame mit der Nachricht vom Friedensschluss, worauf die Dänen auf der Straße einen Höllenlärm machten", notierte Elisabeth von dem Knesebeck in ihrem Tagebuch über den Abend des 4. Mai 1945. Die ältere Dame war im Januar aus Parschau (heute Parszewo) geflohen und befand sich nun in der Sankt Petri-Schule in Kopenhagen, wo sie die deutsche Kapitulation erlebte. Am folgenden Tag vermerkte sie: „[...] heute läuten die Kirchenglocken den Frieden ein. Die Stimmung ist sehr gedrückt."

Andreas Nitschmann erlebte dieses Ereignis in Aarhus. Am 6. Mai 1945 erzählte ihm ein deutscher Feldwebel davon, auch, dass die Soldaten am Tag drauf ihre Waffen abgeben sollten. Daraufhin tauchten dänische Widerstandskämpfer auf. An einem dieser Tage waren aus allen Ecken Schüsse zu hören, und Nitschmann staunte darüber, woher die jungen Leute all die Maschinenpistolen hatten. Nitschmanns Meinung nach mischten sich die Widerstandkämpfer nun in alles ein.

Ingrid Mirau flüchtete mit ihrer Familie aus Ostpreußen und war bei der Befreiung gerade in Ryslinge angekommen. Am 5. Mai notierte sie in ihrem Tagebuch, dass die Wehrmacht Leberwurst, Butter und Brot besorgt habe. Am selben Tag erreichte die Familie die Nachricht von der Kapitulation der deutschen Truppen in Dänemark. „Wir sind den Dänen jetzt ausgeliefert", schrieb sie und fuhr fort: „zum Abendessen gab es Gemüsesuppe."

Die Botschaft des britischen Feldmarschalls Montgomery anlässlich der Befreiung handelt von der Freude und Erlösung der Dänen, doch nicht

Feldmarschall Montgomery und sein Stellvertreter in Dänemark, General Henry Dewing. Unter Dewings Führung wurden die verlassenen deutschen Militärlager für die Einquartierung der deutschen Flüchtlinge ausgewählt, da sie im Unterschied zu den Wehrmachtssoldaten Dänemark nicht verlassen konnten. In den Tagen nach der Befreiung erinnerte der General die Dänen daran, dass die Flüchtlinge nicht einfach nach Deutschland geschickt werden könnten, da unter ihnen viele Frauen, Kinder und Kranke seien.
|| Frihedsmuseet/Nationalmuseet

allen im Königreich war nach Feiern zumute. Nur wenige Tage später, am 8. Mai, war der Krieg in Europa offiziell vorbei. Die bedingungslose Kapitulation Nazideutschlands war Tatsache - es existierte kein deutscher Staat mehr. Unter den Flüchtlingen muss es mehr Fragen als Antworten gegeben haben, auch wenn vielleicht nicht alle jubelnde Anhänger Hitlers waren, lag ihr Heimatland in Trümmern. Aus dem Fenster heraus sahen sie freudestrahlende Dänen mit ihrer Landesflagge herumlaufen. Sie waren Flüchtlinge in einem fremden Land, doch wer sollte sie künftig beschützen? Wer für Essen

„Sechshundert
Deutsche in Aarhus
begraben", titelte die
Zeitung *Demokraten*
und berichtete, dass die
Sterblichkeit unter den
deutschen Flüchtlingen
und verletzten
deutschen Soldaten in
Aarhus sehr hoch sei.
In der Zeitung heißt
es weiter: „Bis heute
(24. Mai 1945) wurden
sechshundert Deutsche
auf dem Westfriedhof
begraben, davon
dreihundertfünfzig
Flüchtlinge und
zweihundertfünfzig
Soldaten. Viele der
Leichen wurden in
Decken gehüllt, da
keine Särge beschafft
werden konnten."
|| Frihedsmuseet/
Nationalmuseet

sorgen? Auch morgen und übermorgen? Würden
sich die Dänen rächen? Würden sie heimkehren
können?

Am 7. Mai 1945 dankte Premierminister Vilhelm
Buhl (1881-1954) in den Zeitungen König Christian
X. (1870-1947) sowie der Freiheitsbewegung und for-
derte zugleich die Bevölkerung auf, den deutschen
Truppen und Flüchtlingen gegenüber ruhig und
würdig aufzutreten.

Bereits in den Tagen des 5. und 6. Mai zog ein
Großteil der deutschen Truppen aus Dänemark ab,
während die Flüchtlinge interniert wurden. Gene-
ralmajor Henry Dewing (1891-1981), Montgomerys
Stellvertreter in Dänemark, sprach sich in der
dänischen Presse dafür aus, auch die Flüchtlinge
nach Deutschland zurückkehren zu lassen und
ihre Rückführung mit britischer Unterstützung zu
regeln. Die Flüchtlinge sollten zurück, doch wann
und auf welche Weise hinge von den Verhältnissen
in Deutschland und den Transportmöglichkeiten
ab. Der General ermahnte die begeisterten Dänen
zu Geduld. Schließlich konnte er sie nicht einfach
nach Deutschland ziehen lassen, da unter ihnen
viele Frauen und Kinder waren, aber auch Kranke,
die zunächst im Krankenhaus behandelt werden
mussten. Gleichzeitig brachte Dewing die Idee auf,
die Flüchtlinge in einigen ehemals vom deutschen
Militär genutzten Gebäude einzuquartieren. Nach
Ansicht des Generals eignete sich das Lager Oksbøl
in Südwestjütland dafür besonders gut.

In den letzten Kriegsmonaten hatten sich die
Westalliierten gründlich informiert und zu einer
Reihe von Fragen Stellung genommen, die nach
dem Sieg aktuell werden würden. Auf allerhöchster
Ebene diskutierten General Dwight D. Eisenhower
(1890-1969) und das Oberste Hauptquartier der
Alliierten (SHAEF = Supreme Headquarters of the

Allied Expeditionary Forces) mögliche Zukunfts-
szenarien. Interessanterweise entwickelten die
Alliierten auch Szenarien für die Einquartierung
von gut 250.000 deutschen Kriegsgefangenen in
Dänemark. Sie hatten dazu eine Reihe unterschied-
licher deutscher Militärlager ausgesucht – zum
Beispiel das Lager Oksbøl, mit Platz für 34.000
Menschen das größte unter ihnen. Die Pläne änderten sich allerdings, und die Alliierten beschlossen,
dass anstatt von über 200.000 Soldaten, die das
Land verlassen durften, die zivilen Flüchtlinge in
Dänemark bleiben mussten. In der Tagespresse
konnten die Dänen am 12. Juni 1945 lesen, dass sich
230.000 deutsche Flüchtlinge im Land aufhielten
und zwei bis drei Monate bis zu ihrer Abreise vergehen könnten. Ihr Aufenthalt in Dänemark würde
30-40 Millionen Kronen kosten. Am selben Tag
verkündete Innenminister Knud Kristensen (1880-
1962) im Parlament, die Dänen müssten sich darauf
einstellen, dass es Zeit in Anspruch nehmen werde,
die Dinge zu regeln. Das betraf auch die Einquartierung. Zugleich unterstrich der Minister, dass noch
niemand wisse, wann die deutschen Flüchtlinge
das Land verlassen könnten. Einen Tag später fügte
Arbeits- und Sozialminister Hans Hedtoft (1903-
1955) hinzu, der Regierung sei selbstverständlich
daran gelegen, die Menschen schnellstmöglich nach
Deutschland zurückzuschicken. Transport und
Zeitpunkt der Abreise lägen jedoch nicht in den
Händen der dänischen Behörden, betonte er. Dies
müsse mit den zuständigen Stellen der Alliierten
verhandelt werden, die den Zeitpunkt für die Rückkehr der Flüchtlinge festlegten.
    Die Situation nährte zahlreiche Spekulationen.
Am 18. Juni zitierten die Zeitungen des Landes
General Dewing mit der Aussage, die Flüchtlinge
würden Dänemark nicht umgehend verlassen kön-

nen. In Deutschland hielten sich immer noch fünf Millionen Menschen ausländischer Nationalität auf, die zunächst in ihre jeweiligen Länder zurückkehren sollten, bevor die Flüchtlinge aus Dänemark zurückkehren könnten. Die dänische Regierung verbreitete jedoch Optimismus. Zwar könnten die Flüchtlinge nicht vor dem nächsten Monat zurückgeschickt werden, man rechne jedoch mit einer Rückkehr vor Winteranbruch.

Mit dem Schreiben eines engen Mitarbeiters von Dewing, Brigadegeneral W. H. F. Crowe, an Arbeits- und Sozialminister Hedtoft vom 34. Juli 1945 waren die Würfel gefallen. Darin hieß es, dass für „die Ausreise der sich in Dänemark befindlichen deutschen Flüchtlinge" kein konkretes Datum genannt werden könne, da 90 % ihrer ehemaligen Heimat zur russischen Zone gehöre, was die Angelegenheit erschwere. Zudem hätten die Briten noch keine Klarheit darüber, ob die Russen diese Menschen überhaupt aufnehmen wollten, und Crowe fügte hinzu, dass eine Aufnahme der deutschen Flüchtlinge weder in der britischen noch in der amerikanischen Zone infrage käme, solange dies nicht mit dem sowjetischen Diktator Josef Stalin (1878-1953) geklärt sei. Crowe konnte allerdings mit Gewissheit sagen, dass Rückführungen in den kommenden drei bis vier Monaten nicht realistisch seien. Sie sollten den Winter in Dänemark verbringen.

Das war ein Schock.

Die britische Führung in Dänemark schätzte die Lage in Deutschland als weitaus schwieriger ein als in Dänemark. Sie hatte daher keine Eile, weitere 200.000 zivile Flüchtlinge (vor allem Frauen und Kinder) in ihrer Besatzungszone aufzunehmen, wo sich bereits all die deutschen Soldaten befanden. In Schleswig-Holstein war die Bevölkerung im letzten Kriegsjahr von 1,5 auf 2,5 Millionen angewachsen.

Nicht nur deshalb war die Lage schwieriger als in Dänemark, und die Briten wollten niemanden mehr aufnehmen, solange die Unterbringung nicht gesichert war. Zudem hegten sie die Vorstellung, dass einige Flüchtlinge irgendwann in ihre ursprüngliche Heimat, die sich nun im Herrschaftsbereich Stalins befand, würden zurückkehren können.

Es musste also nun eine effiziente Flüchtlingsfürsorge aufgebaut werden.

Ein deutsches Flüchtlingsmädchen. Unter den Flüchtlingen befanden sich viele Kinder, im August 1946 bezifferte man ihre Anzahl auf 67.558 von insgesamt 196.518. Neben Kindern gab es viele Frauen, während Männer im Alter zwischen 16 und 50 durch den Krieg unterrepräsentiert waren. Nach dem Krieg zeigte sich, dass viele von ihnen gefallen oder in Kriegsgefangenschaft waren. Einige Familien wurden seitdem jedoch wieder glücklich vereint. || Arne Myggen Hansen/ Det Kgl. Bibliotek

Flüchtlingsfürsorge

„Deutschen-schweine"

Nach der Befreiung verringerten sich die Essensrationen, und die dänischen Behörden taten nur
das Allernötigste. Daher war das Lagerleben von
einer gewissen Willkür geprägt. In ihrem Tagebuch
notierte Elisabeth von dem Knesebeck im Mai:

„Mit unserer Ernährung wird es immer trauriger.
In dieser Woche bekamen wir drei Tage Kohlrü-
ben und vier Tage Mohrrüben-Wassersuppe. Brot
– sogar etwas Weißbrot (fünf Scheiben Schwarz-
und zwei Scheiben Weißbrot pro Tag). 20 Gramm
Butter, 25 Gramm Wurst und 25 Gramm Käse als
Zubrot. [...] Statt der sonst üblichen Wassersuppe
gab es heute – statt Festbraten – eine sogenannte
Milchgrütze, ein blaues Etwas mit Mäusedreck!"

Am 21. Juni 1945 berichtete eine Zeitung, dass in
Kopenhagen täglich vierzig Flüchtlinge starben.
Nach dem Besuch in einigen Lagern konstatierte
der Journalist, unter welch unterschiedlichen Be-
dingungen die Flüchtlinge lebten. Einige führten
„ein paradiesisches Leben", andere lebten unter
beengteren Verhältnissen, die sie jedoch zuallererst
ihren eigenen Landsleuten zu verdanken hätten. In
der Hauptstadtregion gab es, einer Mitteilung des
Arztes K. F. Meldahl (1906-1993) vom staatlichen
zivilen Luftschutz zufolge, 55.000 Flüchtlinge in 78

1946 war das etwas westlich von Varde gelegene Lager Oksbøl die fünftgrößte Stadt Dänemarks. Bereits im Februar 1945 kamen dort die ersten deutschen zivilen Flüchtlinge an. Bei der Befreiung waren dort ungefähr 10.500 einquartiert. Ein Jahr später hatte das Lager gut 35.000 Bewohner. || Blåvandshuk Lokalhistoriske Arkiv

Lagern. Achtundvierzig dänische Ärzte beaufsichtigten die dortigen hygienischen Verhältnisse, während für die Behandlung achtundsiebzig deutsche Kollegen zuständig waren. Meldahl berichtete vom Tod von 2.000 Deutschen innerhalb des ersten Monats, darunter vor allem Kinder und alte Menschen. Der Journalist kam zur Einschätzung:

„Unter den gegebenen Umständen gibt es für die Flüchtlinge keinen Grund, sich zu beklagen. Ihr Problem ist in erster Linie: Da sie sich jetzt nicht mehr unter dem Schutz der Wehrmacht vollstopfen können, möchten sie am liebsten nach Hause. Wir wünschen uns auch, sie rasch loswerden zu können."

In der ersten Zeit nach der Befreiung setzte sich die Haltung aus der Besatzungszeit und der illegalen

Presse mit unverminderter Stärke fort. Mit den Deutschen gab es kein Mitleid.

Zunächst organisierten die dänischen Behörden und Alliierten (SHAEF Mission to Denmark) die Verpflegung der Flüchtlinge. Zunächst übernahm die Widerstandsbewegung die Kontrolle über die deutschen Flüchtlinge, doch bereits wenige Tage später wurde die immense Aufgabe der Verpflegung an den staatlichen Zivilluftschutz übertragen, der die Notvorräte verwaltete. Vielerorts wurden die Flüchtlingslager mit Stacheldraht eingezäunt. Bewaffnete Widerstandskämpfer patrouillierten rund um die Uhr. Mit dem Stacheldraht wollte die dänische Seite sicherstellen und signalisieren, dass sie die Flüchtlinge bis zu ihrer baldigen Rückkehr im Griff hatte. Beliebt waren die Flüchtlinge nicht. In den Schulen Kopenhagens war beispielsweise oft der Ausruf „Deutschenschwein" zu hören.

Gleichzeitig berichteten die Zeitungen des Landes von Razzien in den Lagern. Anfang Juni hatten Angehörige des Widerstands im Lager Oksbøl eine Razzia durchgeführt, bei der die Flüchtlinge ihr Geld abgeben mussten. Das Ergebnis reichte von wenigen Münzen bis zu Beträgen von vierhundert Kronen. Andernorts hatten die Widerstandskämpfer allerdings größere Summen entdeckt, insgesamt betrug die Ausbeute der Razzia ungefähr 150.000 Kronen sowie einige deutsche Sparbücher.

Zweifelsohne waren Flüchtlinge einer Reihe unangenehmer persönlicher Übergriffe ausgesetzt, auch wenn die Journalisten alles taten, den Lesern einen anderen Eindruck zu vermitteln. So hielten es im Gegenteil sowohl die ehemaligen Widerstandskämpfer wie auch die dänische Bevölkerung für angemessen, dass die Flüchtlinge keine großen Summen besaßen. Denn dadurch würde der Schwarzmarkt in den Lagern schwieriger werden.

Die aufgeheizte Stimmung gegen alles Deutsche unmittelbar nach der Befreiung veranlasste sechzig Pastoren in der Tageszeitung *Berlingske Tidende* am 24. Juli 1945 zu einer Reaktion. Die Geistlichen verteidigten die Flüchtlinge und schrieben, sie wollten gegen einen neuen Nazismus ankämpfen, der „in einem Deutschen nicht auch einen Mitmenschen erkennt".

Allerdings erlebten nicht alle Flüchtlinge Übergriffe von dänischer Seite. In der Schule von Vinderup sei es erträglich, schrieb Karl Rudolf Lickfett. Seiner Meinung nach hatten sich Ärzte, Bürgermeister und sogar die Freiheitsbewegung korrekt verhalten und waren hilfsbereit, auch wenn sie in erster Linie die Rückkehr der Deutschen wünschten.

Das Urteil nachfolgender Generationen

Nachdem die Alliierten den dänischen Behörden mitgeteilt hatten, die Flüchtlinge könnten in naher Zukunft nicht zurückkehren, forderten die Behörden vom heimischen Luftschutzstab eine Einschätzung, ob für den Winter geeignete Flüchtlingslager existierten. Den Richtlinien zufolge sollten alle Räume mit Fenstern, ausreichend groß und nach außen zu öffnen, ausgestattet sein. Für Schlaf- und Wohnräume mit Doppelstockbetten sollte die Grundfläche pro Person mindestens 2,5 m² betragen, und jeder Bewohner sollte mindestens 8 m³ Luft haben. Bei einstöckigen Schlafplätzen musste jeder Person in kombinierten Schlaf- und Wohnräumen 3,3 m² Grundfläche und 8 m³ Luft zur Verfügung stehen.

Doch die Arbeit des Luftschutzstabs war nicht effektiv, sodass die dänische Regierung in den sauren Apfel beißen und eine Flüchtlingsfürsorge aufbauen musste. Unter anderen Umständen hätte man dies ansonsten zu umgehen versucht. Aber es musste etwas geschehen, sollte sich ein demokratisches Land wie Dänemark noch selbst in die Augen sehen können. Es stellt sich allerdings auch die Frage, ob nicht die Furcht von einem neuen, wieder erstarkten Deutschland die Haltung Dänemarks beeinflusste.

Am 6. September 1945 wurde die Flüchtlingsverwaltung mit dem früheren Handels- und Arbeitsminister, dem Sozialdemokraten Johannes Kjærbøl (1885-1973), an der Spitze gegründet. Kjærbøl war während der Besatzung Mitglied der von Erik Scavenius (1877-1962) angeführten Regierung gewesen, die nach der Befreiung aufgrund ihrer allzu kooperativen Haltung gegenüber den Deutschen äußerst verhasst war. Auf Wunsch der Widerstandsbewegung wurden er und andere ehemalige Mitglieder bei der Bildung der Befreiungsregierung übergangen. In politischer Hinsicht war Kjærbøl ein kompetenter Verwaltungsbeamter mit gutem Urteilsvermögen, politisch wie administrativ. Der Posten als Chef über die deutschen Flüchtlinge stellte für kaum jemanden ein Traumjob dar, doch Kjærbøl stellte sich dieser Aufgabe und erlebte später ein Comeback in der dänischen Politik.

Die Bildung der Flüchtlingsverwaltung markiert einen Wendepunkt in der Geschichte der deutschen Flüchtlinge in Dänemark, denn nun entwickelte sich eine Gesamtstrategie im Umgang mit diesen Menschen. Kurz nach seiner Ernennung betonte Kjærbøl in einer Rede im September 1945 die demokratische Komponente der Mission:

„[...] diese Menschen waren gegen unseren Willen hieher gekommen, weshalb niemand von uns erwarten konnte, freundliche Gefühle ihnen gegenüber zu hegen. Aber wenn man den Anspruch erhebt, sich als demokratischer und somit humaner

Staat zu bezeichnen, war klar, dass wir weniger aus Rücksicht auf die Flüchtlinge als auf uns selbst und dem Urteil nachfolgender Generationen diese uns auferzwungene Aufgabe übernehmen müssen."

Mit der Errichtung der Flüchtlingsverwaltung fand eine Trennung der circa 30.000 alliierten und nichtdeutschen Flüchtlinge in Dänemark von den deutschen statt. Es handelte sich dabei um Sowjetrussen, Polen, Balten und Franzosen, die als Kriegsgefangene oder Wehrmachtssoldaten ins Land gekommen waren.

Das Dänische Rote Kreuz nahm sich der nichtdeutschen Flüchtlinge an, auf deren Schicksal hier nicht näher eingegangen werden kann. Nur, dass sie wie die Deutschen auch in Lagern lebten, jedoch nicht interniert waren und während ihres Aufenthalts in Dänemark arbeiten mussten. Ihre Rückkehr stellte sich recht kompliziert dar, weil die baltischen Staaten – Estland, Lettland und Litauen – während des Kriegs in die Sowjetunion eingegliedert worden waren und die Briten und Amerikaner die baltischen Flüchtlinge als staatenlos einstuften. Daher wurde der dänische Staat unterstützt, sie nach Australien, Kanada, Neuseeland, Großbritannien und in die USA zu schicken.

Kjærbøls erste Handlung nach seiner Ernennung bestand in der Einberufung eines Unterkunftsausschuss, um die enormen Herausforderungen in dieser Frage zu erörtern. Er verkündete, von der Regierung mit weitreichenden Befugnissen für die Zentralisierung der Flüchtlingsfürsorge ausgestattet worden zu sein. Danach legte er die grundlegende Handlungsmaxime fest. Die Flüchtlinge sollten nämlich solch eine gute Behandlung erhalten, die im Nachhinein keinen Anlass für Kritik an den dänischen Behörden bot, auf der anderen Seite sollten sie wiederum nicht so gut behandelt werden, dass die Bevölkerung eine bessere Versorgung der Flüchtlinge im Vergleich zu den Dänen hätte kritisieren können.

Dieser Balanceakt blieb in den folgenden Jahren die Richtschnur in der dänischen Flüchtlingspolitik. Beim nächsten Treffen konnte Kjærbøl von einem Angebot aus Schweden für die Lieferung von 1.000 Baracken mit Platz für rund 27.000 Personen berichten. Er hoffe auf eine Aufstellung der Baracken bereits im Dezember. Die Schweden würden bei dieser Gelegenheit auch Matratzen und Schlafsäcke aus Papier sowie Mobiliar, Schrubber und Lappen liefern. Die dänische Seite hatte eine Überführung von deutschen Flüchtlinge nach Schweden vorgeschlagen, was jedoch auf taube Ohren stieß.

Im Herbst 1945 konzentrierte sich der Einquartierungsausschuss vornehmlich auf die Lösung der notwendigsten Umsiedlungen, damit die Flüchtlinge vor dem kommenden Winter verteilt waren. Die Sache verlangte keinen Aufschub. Kjærbøl verbarg bei Amtsantritt auch nicht seine Unzufriedenheit über die Behörden, die bereits seit dem 25. Juli 1945 Kenntnis davon hatten, dass die Flüchtlinge im Land bleiben sollten, und er trotzdem immer noch keinen Überblick über geeignete Winterquartiere hatte. Zudem existierte immer noch kein Verteilungsplan.

Der Flüchtlingsverwaltung ging auf, welch verzwickte Situation vorlag. Als Lösung wurden die Flüchtlinge aus den Städten verlegt, um die dänische Bevölkerung und das gesellschaftliche Leben so wenig wie möglich zu tangieren. Gleichzeitig gab es aber auch wirtschaftliche, hygienische und sicherheitstechnische Gründe für die Strategie. Es war günstiger, Flüchtlinge in großen Lagern unterzubringen und damit verbunden auch die Sicherstellung von einheitlichen Hygienestandards zu ermöglichen.

Daher bestand eine von Kjærbøls ersten Handlungen darin, Ingenieure vom Arbeitsamt des Arbeits- und Sozialministeriums mit der Suche nach geeigneten Gebäuden zu beauftragen. Die Flüchtlinge sollten aus einer Vielzahl öffentlicher Gebäude ausziehen. Man wünschte, die Rahmenbedingungen für eine Verbesserung des täglichen Lebens in Dänemark zu schaffen – und das weitestgehend unbehelligt von den deutschen Flüchtlingen. Aus diesem Grund entstand der Plan, die Flüchtlinge hauptsächlich in Barackenlagern außerhalb von Ortschaften unterzubringen, Aalborg bildete hierbei die auffälligste Ausnahme – auch Kløvermarken auf der Insel Amager und das Lager am Marselis Boulevard in Aarhus lagen auf städtischem Terrain und blieben somit Ausnahmen. Die Lager auf Amager und in Aarhus wurden jedoch weitaus früher geschlossen als jenes in Aalborg, wo sich bis Ende 1948 Flüchtlinge aufhielten.

Ein dänisches Neuengamme?

Die deutschen Flüchtlinge verschwanden aus dem Rampenlicht der Öffentlichkeit, und damit unterband Kjærbøl jene Kontaktmöglichkeit, die in der dänischen Bevölkerung den Deutschenhass und das tiefe Misstrauen stimulieren konnte. Er verschaffte der Flüchtlingsverwaltung Ruhe, um an einer Lösung des Problems zu arbeiten.

Gleichzeitig machte Kjærbøl der Presse klar, dass sie keinen Zugang zu den Flüchtlingslagern haben werde, was die meisten Dänen zu akzeptieren schienen. Jedoch nicht der bekannte Kritiker Poul Henningsen (1894-1967), der im Februar 1946 Kjærbøls undemokratische Haltung öffentlich kritisierte. Henningsen verurteilte auch die Einstellung der dänischen Bevölkerung gegenüber den deutschen Flüchtlingen, da sich niemand dafür interessiere, was in den Lagern vorgehe.

Nicht alle Leute aus Kjærbøls Stab waren mit der intransparenten und undemokratischen Haltung einverstanden. Der Leiter des Lagers Oksbøl, Harry Bjørnholm (1891-1961), versuchte im März 1946 tatsächlich für die Presse einen Zugang zum Lager zu erwirken, um irreführenden Berichten und Gerüchten zu Leibe zu rücken, was aber die Flüchtlingsverwaltung ablehnte und Bjørnholm eine Rüge einbrachte. Erst am 3. September 1946 erhielten 40 bis 50 Journalisten eine Genehmigung zum Besuch des Lagers Oksbøl und konnten anschließend darüber berichten.

Diese intransparente und undemokratische Politik befeuerte bereits damals Spekulationen, bei dem Lager Oksbøl könne es sich um ein dänisches Neuengamme handeln, dem ehemaligen KZ-Lager südlich von Hamburg. Die Presse entkräftete dies, doch selbst Jahre später haftete der Vorwurf der Intransparenz an der Geschichte über die deutschen Flüchtlinge und gab Anlass zu Spekulationen, was in den Lagern tatsächlich vorgegangen sein mochte. Aus den hundertfachen Berichten ehemaliger Flüchtlinge lässt sich indes schließen, dass Oksbøl definitiv kein Neuengamme war. Als Deutscher in einem großen Flüchtlingslager in Dänemark interniert zu sein, war sicherlich nicht immer angenehm, auch mag es Berichte über schlimme Erlebnisse geben, ebenso waren die deutschen Flüchtlinge in Dänemark in ihrer Freiheit eingeschränkt. Davon abgesehen konnten sie aber sicher vor Verfolgung sein und die Essensversorgung war gesichert.

Die Situation der Ostflüchtlinge in Deutschland war schwerer als in Dänemark, viele erlebten

FLYGTNINGELEJREN
KLØVERMARKEN

Das Lager Kløvermarken auf der Insel Amager war eine deutsche Stadt mitten in Kopenhagen und bestand aus schwedischen Baracken. Nur bis Ende August 1947 waren dort deutsche Flüchtlinge untergebracht. Sie wurden nach Jütland verlegt. Baltische und polnische Flüchtlinge ersetzten sie. Viele Baracken wurden später als Wohungen an Kopenhagerner verkauft. Die Gegend wurde wieder zu einem Kleefeld (Kløvermarken). || Frihedsmuseet/ Nationalmuseet

Obdachlosigkeit, Hunger und mussten betteln – ganz zu schweigen von den Deutschen in der Tschechoslowakei, Ungarn oder Rumänien, wo die Versorgungslage weitaus schwieriger war und die Deutschen noch unbeliebter waren. Vor diesem Hintergrund erschien die Unterbringung in einem dänischen Flüchtlingslager beinah ein Vorteil zu sein, auch wenn dies keineswegs romantisiert werden sollte.

Am 24. Oktober 1945 berichtete Johannes Kjærbøl in der Tageszeitung *Jyllands-Posten*, dass die Verteilung der Flüchtlinge auf die Winterlager planmäßig voranschreite und er hoffe, sie bis Anfang Dezember unter einigermaßen vertretbaren Verhältnissen untergebracht haben zu können. Gleichzeitig gab es noch eine andere und ebenso wichtige Aufgabe, nämlich die Wiederbelebung des dänischen Kulturlebens, wie er den Zeitungslesern gegenüber betonte:

„Die Deutschen müssen nicht nur so untergebracht werden, dass wir uns uns selbst und in den Augen der Welt nicht zu schämen brauchen, sondern es müssen auch Schulen, Universitäten, technische Hochschulen und andere Gebäude schnellstmöglich der dänischen Gesellschaft zurückgegeben werden, und die Arbeit daran schreitet weiter voran."

Kjærbøl rechnete damit, in der Barackenstadt Kløvermarken auf Amager in Kürze ungefähr 20.000 Flüchtlinge unterbringen zu können, und das Lager Oksbøl bei Varde, das bereits im Spätsommer 1945 27.000 Flüchtlinge beherbergte, wurde für bis zu 35.000 Menschen ausgebaut. Zudem hoffte er auf eine baldige Übernahme einiger der von den Deutschen zurückgelassenen Gebäuden.

Kleine und große Lager

Der Entschluss, die deutschen Flüchtlinge in größeren Lagern unterzubringen, bedeutete, dass die Verhältnisse schwieriger wurden. In den kleinen Lagern war das Leben meist besser. Dies traf zum Beispiel auf Martin Paul zu, der seinem alten Lagerleiter Herr Kjer in Aller bei Christiansfeld schrieb, nachdem er in das größere Lager bei Skrydstrup verlegt worden war. Obwohl alle Lager bewacht sein sollten, war das in Südjütland nicht überall der Fall:

„Sehr verehrter lieber Herr Kjær [Kjer]! Notgedrungen haben wir uns hier einleben müssen und denken wir alle gern an die schöne Zeit und an die goldene Freiheit in Aller zurück. Hier sitzen wir stark bewacht hinter Stacheldraht und die Unterkunftsräume sind sehr schlecht. Die Baracken sind alt und baufällig und die Dächer sind undicht.

Ihnen und Ihrer Gattin möchte ich persönlich für alle Liebe und Fürsorge danken, [...]
Martin Paul, Skrydstrup, den 11. November 1945."

Nach dem Abzug der Briten aus den ehemaligen deutschen Militäranlagen – wie Skrydstrup – und deren Freigabe wurden diese umgenutzt. Kurz vor der Befreiung gab es Überlegungen, in den verlassenen Militärlagern deutsche Kriegsgefangene zu internieren, doch die Pläne änderten sich, als fast alle deutschen Soldaten Dänemark verließen. Die militärischen Barackenlager lagen typischerweise bei ehemaligen deutschen Flugplätzen wie Skrydstrup, Aalborg, Grove-Gedhus und Ry oder bei früheren Radarstationen, wie im Fall der Lager Fitting bei Vorbasse oder Hvedde bei Herning. Es konnten aber auch Militärübungsplätze wie Oksbøl sein. Alle waren für die Unterbringung vieler Menschen ausgelegt, meist mit Stacheldraht umzäunt und lagen in der Regel abseits. Daher war die Einquartierung von Flüchtlingen dort eine schlüssige Wahl.

Die Lager waren lediglich weniger Jahre alt und unter der Besatzung errichtet worden. Sie waren für Soldaten gedacht und nicht sonderlich bequem oder gut beheizt, besaßen dafür aber zum Beispiel meist eine gute Belüftung und ausreichend Platz – damals absolut keine Selbstverständlichkeit. In den größten gab es moderne Küchen zur Versorgung von 10.000-12.000 Menschen.

Die Ansammlung von Flüchtlingen in großen Lagern weckten vor Ort selbstverständlich Sorgen. In der Regionalzeitung *Vestkysten* konnten die Bewohner der Gegend von Varde und Esbjerg am 27. Juni 1945 lesen, dass sie sich auf weitere deutsche Flüchtlinge in der Region einstellen mussten. Kurz zuvor waren 1.350 angekommen, und nun befürchteten viele, es könnten Schulen und andere

Gebäude den Flüchtlingen zur Verfügung gestellt werden. Dem Artikel zufolge wurde mit Nachdruck an alternativen Lösungen gearbeitet, beispielsweise an einer deutlichen Erweiterung des Lagers Oksbøl, das 17.000 Menschen beherbergte, dessen Kapazität allerdings bis circa 50.000 reichen konnte. Gleichzeitig herrschte die Auffassung vor, das nahegelegene und leere Lager von Nymindegab könne 10.000 Flüchtlinge aufnehmen.

Die Prophezeiungen erfüllten sich nicht völlig, auch wenn Jütland der Landesteil war, der die meisten Flüchtlinge beherbergen sollte. Bei der Befreiung hielten sich allein im Großraum Kopenhagen 90.388 Flüchtlinge auf, während die Anzahl in ganz Jütland 95.379 betrug. Am 1. Januar 1946 hatte sich die Anzahl der Flüchtlinge in der Hauptstadtregion auf 24.345 verringert, die Anzahl der Lager in Jütland hatte sich im Gegenzug vergrößert. Die großen Lager waren Oksbøl, Aalborg, Grove-Gedhus bei Karup, Rom bei Lemvig, Rye, Røntved Knivholt bei Frederikshavn und Silkeborg. Das Lager Oksbøl war mit gut 35.000 Flüchtlingen das mit Abstand größte. In Aalborg, wo die Besatzungsmacht in Hinblick auf Norwegen beachtliche militärische Interessen gehabt hatte, wurde eine große Anzahl deutscher Flüchtlinge beherbergt, allerdings auf mehrere Lager verteilt, zum Beispiel in Aalborg West (Rødslet), Aalborg Ost I, II und III (Rørdal) und bei einem Landeplatz für Wasserflugzeuge. Insgesamt waren es auf ihrem Höhepunkt an die 40.000.

Anfang September 1945 musste Karl Rudolf Lickfett mit seiner Familie das kleinere Lager in Vinderup verlassen und wurde in das größere von Gedhus in der Nähe von Karup verlegt. Lickfett erlebte dies wie Martin Paul als Verlust von Privilegien. In einem Brief kurz nach der Verlegung berichtete er von der fast zehnstündigen Fahrt von Vinderup ins nur vierzig Kilometer entfernte Gedhus. Sie hatten in einer der beiden stabileren Steinbaracken ein eigenes Zimmer bekommen. Es gab drei dreistöckige Betten, sodass sie ausreichend Platz hatten. Auf einem kleinen Ofen konnten sie täglich Graupen mit Salzkartoffeln oder Bratkartoffeln zubereiten. Es gab auch Speck, den sie sorgfältig hüteten, wie er schrieb. Er konstatierte trotzdem, die Kost sei in Vinderup reichhaltiger und schmackhafter gewesen als im Lager Gedhus, trotzdem gehe es. Allerdings würden sie Nähgarn vermissen, und er fragte seinen dänischen Kontakt, ob es möglich sei, ein wenig davon um ein Stückchen Pappe gewickelt ins Lager zu schicken. „Wir dürfen Post empfangen, auch wenn sie offensichtlich geöffnet wird. In Vinderup erhielten wir sie ungeöffnet", schrieb er. „Dieser Brief kam mit einem Wagen des Roten Kreuz und wurde in einen Briefkasten geworfen. Allerdings dürfen wir nur fünfundzwanzig Wörter schreiben."

Nach einem halben Jahr im Lager Gedhus schrieb Karl Lickfetts Schwägerin Charlotte am 1. März 1946:

„In Vinderup hatten wir es sehr gut, Dank des Herrn Bürgermeisters und des dänischen Arztes, die sehr für uns sorgten. Hier in Gedhus geht es uns auch gut. Die Verpflegung ist gut. Bewegungsfreiheit ist auch genügend. Wie gesagt, die Verpflegung ist reichlich. Zu klagen haben wir nicht, denn der liebe Gott hat bisher gesorgt. Kleidung, vor allem Fußbekleidung ist sehr knapp. Im Reich wird die Verpflegung nicht so gut sein, daß ist ja erklärlich. Die größte Sehnsucht ist, wenn wir erst Postverbindung mit den Angehörigen hätten."

Die Zensur von Briefen und Zurückhaltung von Post, die bis zum 1. April 1946 fortbestand, war hart für die Flüchtlinge. Die Lebensqualität wäre höher gewesen, hätten sie gewusst, was mit den Verwandten geschehen war, zu denen der Kontakt unterbrochen war. War der Ehemann in Kriegsgefangenschaft oder gefallen? Kinder waren allein, ohne etwas vom Verbleib ihrer Eltern zu wissen. Die Zurückhaltung von Post erschwerte existenzielle Grundbedürfnisse, und nüchtern betrachtet ist schwer nachvollziehbar, weshalb sie so lange anhielt.

Mit der Verlegung in die großen Lager entstand dort eine Überbevölkerung. Herr Klein berichtete von seiner Ankunft mit dem Schiff in Kopenhagen. Dort hielt er sich zunächst zwei Monate im Lager Avedøre auf, woraufhin er mit anderen auf Lastwagen nach Kopenhagen gebracht wurde und sie ein Schiff anschließend nach Aarhus brachte. Von dort führte sie ihr Weg weiter nach Grove bei Karup. Viele Jahre später erinnerte er sich, wie sie mit einundzwanzig Personen in einem Zimmer von 40 m² lebten. Die Doppelstockbetten standen immer in Viererreihen nebeneinander, mit Platz für einen Tisch in der Mitte des Raums. Die Erinnerungen von Herrn Klein decken sich gut mit den tatsächlichen Gegebenheiten und der enormen Enge. Anlässlich eines Pressebesuchs im Lager Oksbøl im September 1946 schilderte der Journalist der Zeitung *Vestkysten* die Überbelegung der Baracken als das beherrschende Problem. Die tatsächlichen Zahlen aus dem Lager Oksbøl sprechen indes ihre eigene Sprache – auf 4 km² verteilten sich knapp 36.000 Bewohner, was einer schwindelerregenden Anzahl von 9.000 Personen pro km² entspricht. Der Besuch im Lager Oksbøl löste Nachdenklichkeit aus, und der Journalist fragte sich mehrfach selbst,

Das Schwarzbrotdepot im Lager Oksbøl, in dem täglich 15.000 Laibe aufbewahrt wurden. Die Versorgung des Lagers mit Lebensmitteln Ende 1945, als dort 30.500 Menschen lebten, spricht eine eigene Sprache. Kaffee, Kakao und Tabak fehlten komplett und mussten über den Schwarzmarkt beschafft werden. || Blåvandshuk Lokalhistoriske Arkiv

während er durch die kleinsten Baracken ging, was geschehen würde, wenn man

„[...] gezwungen wäre, hier zu leben? Sterben würde man daran gewiss nicht. Im ganzen Lager hat es nur vier Selbstmorde gegeben, allerdings zwei von Personen begangen, die zuvor in einer Nervenheilanstalt gewesen waren."

Doch er fährt fort:

„Wenn man nicht gerade in den Atem seines Nachbarn vernarrt ist, müssen die Nächte schrecklich sein. Trotzdem gibt es sogar selbst hier im Land Menschen, deren Lebensumstände sich nicht von denen im Lager Oksbøl unterscheiden."

Trotzdem verließ er die von ihm als unnatürlich bezeichnete Geisterstadt in der Heide mit dem starken Gefühl, dass es besser wäre, wenn die Dänen die Flüchtlinge so zügig wie möglich loswerden könnten, allerdings nicht durch das Niederreißen des Stacheldrahts, „denn dann könnte sich der Inhalt auf unsere Bevölkerung ergießen". Solch ein Beschreibung war typisch für die Zeit.

Mitte Juni 1946 wussten die Zeitungen zu berichten, dass die Anzahl der Flüchtlingslager inzwischen von Tausend auf Zweihundert verringert worden war. Dies war gut für die Wirtschaft.

70.000 Kilo Kartoffeln pro Woche

„Die Behandlung sollte menschlich sein, die Gastfreundschaft jedoch nicht zu groß", schrieb Johannes Kjærbøl in seinen Memoiren *Modvind og medbør* (dt.: Gegenwind und Rückenwind) aus dem Jahr 1959. Seine treffende und ruppige Wortwahl verweist darauf, dass die Angelegenheit mit den Flüchtlingen bereits einige Jahre zurücklag. Zugleich deutet die Aussage eine Haltung gegenüber Deutschland an, die in Dänemark noch jahrelang vorherrschen sollte. Ein Jahrzehnt früher schrieb er im Vorwort zu *Flygtninge i Danmark 1945-49*, dem Weißbuch der Flüchtlingsverwaltung, noch im Tonfall eines Entscheidungsträgers:

„[...] die Flüchtlinge waren zwar nicht willkommen, aber so lange sie sich hier aufhielten, sollten sie behandelt werden, dass Dänemark sich selbst und dem Ausland gegenüber nicht zu schämen brauchte."

Nachfolgende Generationen haben sich seitdem gefragt, ob dies eine Schönfärberei Kjærbøls gewesen sein mochte oder die dänische Flüchtlingsfürsorge diese Herausforderung auf verantwortungsvolle, humane Weise gelöst hat, beispielsweise in Hinblick auf die Verpflegung der Flüchtlinge. In den hektischen Tagen nach der Befreiung hing die Zuteilung von Lebensmitteln von den örtlichen Gegebenheiten ab. Niemand hatte einen Überblick über die Situation in den zahllosen Flüchtlingslagern. Aus Südjütland wissen wir, dass mit Billigung der Briten aus den zurückgelassenen Depots der Deutschen Lebensmittel geholt wurden. Doch das war eine kurzsichtige Lösung, da die Lager rasch geleert waren.

Der staatliche Zivilluftschutz, zunächst zuständig für die Verpflegung, erließ am 24. Mai 1945 die erste Vorschrift über die Kost der deutschen Flüchtlinge. Aus ihr geht die Festlegung der täglichen Kalorienzufuhr auf 2.035 hervor, aber mit der Möglichkeit einer Erhöhung um 280 Kalorien für Kranke, unter fünfzehnjährige Kinder und Schwangere. Das Essen bestand hauptsächlich aus Schwarzbrot und Kartoffeln. Jeder Flüchtling erhielt täglich 350 Gramm Schwarzbrot und 270 Gramm Kartoffeln. Zudem gab es Rationen von gut 125 Gramm Graubrot und ca. 100 Gramm Karotten, ungefähr 80 Gramm Weißkohl pro Person und Tag sowie ein wenig Grünkohl oder Spinat. Hinzu kamen Butter, Wurst, Käse, Zucker, Kohlrabi, Roggenmehl, Haferflocken und 1,15 Liter Magermilch pro Woche. In besonderen Fällen konnte der aufsichtsführende dänische Arzt Ei und Bouillon verordnen. Die warmen Mahlzeiten wurden in großen Gemeinschaftsküchen zubereitet und zur Essenszeit von den Flüchtlingen abgeholt.

Die Verpflegung war anfänglich mit dem Oberkommando der Alliierten in Dänemark abgesprochen worden, das meinte, das Essen der Flüchtlinge solle 1.800 Kalorien pro Tag nicht übersteigen. Die dänischen Behörden fanden dies zu niedrig, woraufhin die Verpflegungsvorschrift auf gut 2.000

Kalorien erhöht wurde. Am 12. Juli 1945 wurde die Vorschrift geändert und eine Unterscheidung nach Alter eingeführt. Im Januar 1946 erhöhte sich die tägliche Kalorienzufuhr auf 2.500, wurde jedoch später auf 2.270 gesenkt. Die Anzahl entspricht fast genau heutigen Empfehlungen.

Die Flüchtlingsverwaltung hat erklärt, Ziel einer Festlegung der Ernährung für die Flüchtlinge sei gewesen, sie angesichts von Rationierung notdürftig ernähren zu können, gleichzeitig habe sie unter gesundheitlichen Aspekten vertretbar sein sollen. In der Erinnerung der Flüchtlinge über die Zeit in Dänemark wird das Essen zwar fast immer als langweilig und eintönig beschrieben, jedoch selten als unzureichend. Beim Blick auf die Lebensmittel, sind die Bemerkungen über eine geringe Abwechslung gut nachvollziehbar. Frisches Obst wie Äpfel oder Birnen gab es selten, Gemüse war allerdings ein fester Bestandteil. In den Lagern entstanden allmählich kleine private Gemüsegärten, wodurch sich das Mittagessen aufbessern ließ.

Obwohl das Essen in den dänischen Flüchtlingslagern als einfach bezeichnet werden kann, stellte Hunger kein Problem dar. In Briefen und Tagebüchern finden sich Beispiele, dass manch einer im Lager Oksbøl die Zuteilungen von Brot als knapp und unzureichend empfand. „Dienstag und Sonnabend sind die Zuteilungstage, und am Montag und Freitag habe ich das letzte Stück gegessen", schrieb Frau Steppath im Februar 1947 aus dem Lager Oksbøl.

Am 21. August 1946 schrieb Charlotte Lickfett aus dem Lager Gedhus, die Kinder hätten Milch bekommen, wohingegen in Deutschland alles knapp sei. Charlotte habe von der schlechten Versorgungslage in Mecklenburg gehört. Daher wäre es besser gewesen, wenn ihre Familienangehörigen nach

Dänemark gekommen wären. Viele deutsche Ost-flüchtlinge, die der Krieg in den Westen Deutschlands geführt hatte, berichten ähnliche Geschichten von Familien, die zum Überleben zum Betteln oder Stehlen gezwungen waren. Untersuchungen über die Lebensmittelsituation in Deutschland zwischen 1945 und 1946 sprechen eine deutliche Sprache. In ausgebombten Städten wie Hamburg oder denen im Ruhrgebiet wütete der Hunger, und phasenweise lag die Anzahl der täglichen Kalorienzufuhr bloß bei sechshundert.

In einem mit Heta und Gisela unterzeichneten Brief aus Deutschland, abgedruckt in der Flücht-lingszeitung Deutsche Nachrichten, stand am 12. August 1946, dass man hungern müsse, sofern man kein Geld habe, um etwas zu kaufen. Das hätten sie nun seit Ende Dezember getan, als ihre Winterra-tion bereits aufgebraucht gewesen sei:

„Ja, wirst Du fragen, was esst ihr dann? Das wissen wir selbst nicht, wie durchkommen. So ist Gisela auf Fahrt gewesen und hat ca. 30 Pfund Kartoffeln gekauft beim Bauern. 2-3 Tage ist man da unter-wegs. Wird man geschnappt, ist man alles los und hat noch die Strapaze der Fahrt gehabt und kehrt heim ohne. Gibt es dann und wann im Monat die Fleischzuteilung, so isst man es eben hinterein-ander auf; ebenso Fett für zehn Tage Arbeit 150 Gramm Margarine oder Butter ist garnichts."

Der Artikel war sicherlich an die Deutschen in Dä-nemark gerichtet, doch an seiner Aussage besteht kein Grund zu zweifeln.

Dass die Lebensmittelversorgung in Dänemark kein Problem darstellte, lässt sich an den Prozessen in den deutschen Lagergerichten wegen Schwarz-markthandels ablesen. Dabei drehte es sich nicht um das Hineinschmuggeln von Grundnahrungsmitteln wie Kartoffeln oder Brot, sondern um Kaffee, Zucker, Kakao oder Tabak. Bei den Flüchtlingen standen mit anderen Worten Luxusartikel hoch im Kurs. Dies hing selbstverständlich mit der allgemeinen Warenknappheit und der anhaltenden Rationierung in Dänemark zusammen. Das betraf Brot und Tabak (die Rationierung wurde im Dezember 1948 aufgehoben), Kakao, Speck, Butter und Margarine (1949 und 1950 aufgehoben) sowie Zucker und Kaffee (1952 beendet).

Die festen Tagesrationen an Schwarzbrot und Kartoffeln verdeutlichen die Schwierigkeit, in den Flüchtlingsbaracken daraus eine Bandbreite an abwechslungsreichen Gerichten zubereiten zu können. Oftmals, wie am Sonntag, dem 21. Juli 1946, bestand im Lager Oksbøl das warme Essen aus Schweinefleisch mit Pellkartoffeln. Pro Person gab es 68 Gramm Schweinefleisch inklusive Knochen, 600 Gramm Kartoffeln, 20 Gramm Gerstenmehl, 20 Gramm Zwiebel, 6 Gramm Salz und 0,25 Gramm Lorbeerblätter. Am Mittwoch, dem 24. Juli 1946 stand indes gekochter Fisch mit Pellkartoffeln und Senfsoße auf dem Speiseplan – pro Person: 350 Gramm Fisch mit Kopf (200-240 Gramm netto), 7 Gramm Schweineschmalz, 600 Gramm Kartoffeln, 20 Gramm Gerstenmehl, 1 Gramm Zucker, 12 Gramm Senf und 6 Gramm Salz. Man beachte die detaillierte Auflistung der Zutaten. Im Falle des Lagers Oksbøl musste alles mit 35.000 multipliziert werden, auf das ganze Land bezogen mit circa 200.000. An 365 Tagen pro Jahr. Die wöchentlichen Lieferungen nach Oksbøl im November 1945 zeigen dies deutlich: 70.000 Liter Milch, 70.000 Kilo Kartoffeln, 68.000 Kilo Schwarzbrot, 53.500 Kilo Gemüse und 25.000 Kilo Mischbrot.

Die dänische Seite führte Buch über die Ausgaben, aber erst ab Mai 1949 existierte wieder ein deutscher Staat, Westdeutschland, der bereit war, seiner Verantwortung gerecht werden zu können.

Erna Henke aus dem Lager Oksbøl berichtet, dass sie täglich 2.500 Kalorien bekamen und eine Extraration sowie Kuchen an Weihnachten. Sie schrieb an ihren Mann, der sich in Rendsburg südlich der Grenze aufhielt:

„Ich freue mich, dass ihr nun mehr Brot erhaltet. 5 Pfund, das geht schon, nur Fett u. Fleisch ist so knapp, da haben wir es besser, wie ich Dir schrieb. 20 Gramm täglich, die Kinder mit Zusatz 35 Gramm aber nur Margarine. Da kann man schon backen und braten. Da wir rohe Kartoffeln bekommen, konnte ich Sonnabend abends Kartoffelbrei machen, wozu uns Frau B., die im K-Heim kocht, schöne Sauce gab."

Die unzähligen Tonnen Schwarzbrot für das Lager Oksbøl lieferten zwei Bäcker des Ortes, die allerdings die Nachfrage nicht decken konnten. Deshalb lieferten ein Bäcker und eine Brotfabrik aus dem nahegelegenen Varde ebenfalls Brot, wie auch welche aus Esbjerg. Darüber hinaus erfolgten Lieferungen aus einer Schwarzbrotfabrik in Aarhus und einer Fabrik in Odense.

Neben Schwarzbrot waren Kartoffeln das wichtigste Nahrungsmittel in Oksbøl, die von Kartoffelbauern aus den umliegenden Dörfern Billum und Janderup geliefert wurden, doch auch hier überstieg der Bedarf die Produktion vor Ort, weshalb der staatliche Kartoffelexportausschuss, der die Ausfuhr von dänischen Kartoffeln regelte, auch lieferte. Der lokale Gärtner in Oksbøl lieferte das Gemüse, der Fischhändler vor Ort den Fisch. Der staatliche Butterexportausschuss lieferte Butter, die Versorgung mit Käse erfolgte durch den Käseexportausschuss und eine Käserei in Randers. Der Speckausschuss des Landwirtschaftsministeriums war für Fleisch, Speck und Wurst zuständig. Der lokale Tischler stellte Särge her, für die es besonders im Herbst 1945 großen Bedarf gab, danach normalisierte sich die Sterberate in den Flüchtlingslagern wieder.

Wirtschaftlich betrachtet konnte ein großes Flüchtlingslager in der Nähe positive Auswirkungen haben, da dies Handel und Umsatz bedeutete, obendrein bezahlte der dänische Staat.

Große Lager – kleine Verwaltungen

Generell waren die dänischen Lagerverwaltungen recht klein. Das galt auch für das große Lager in Oksbøl, das allerdings aufgrund seiner Größe eine ausgedehntere Verwaltung als der Durchschnitt besaß. Dessen Verwaltungsstab bestand aus nur 29 Personen und war für circa 35.000 Flüchtlinge zuständig. Umgerechnet trug somit jeder Mitarbeiter die Verantwortung für ungefähr 1.300 Flüchtlinge. Es ist ein Wunder, dass das überhaupt bewerkstelligt werden konnte. Der Grund dafür liegt an der Organisation des Lagerlebens durch die dänische Leitung, die den Flüchtlingen innerhalb des Stacheldrahts im gewissen Umfang eine Selbstverwaltung zubilligte mit einem eigenen Magistrat (Gemeindevertretung genannt), der sich eng mit der Lagerleitung abstimmte und Regeln und Befehle ausführen musste, die an die Block-, Baracken- und Stubenleiter weitergegeben wurden. Hätte die Zusammenarbeit nicht funktioniert, wäre das Vorhaben kaum geglückt. Im Herbst 1945 schickte die Flüchtlingsverwaltung Inspektoren zur Beurteilung der Lager aus – elf Teams, jeweils aus einer Frau und einem Mann bestehend. Aus ihren Berichten geht hervor, in welch hohem Maße die Schaffung eines gut funktionierenden Lagers vom Einsatz der Flüchtlinge abhing. Auch aus der Korrespondenz und der Abschiedsrede des Lagerleiters geht hervor, dass es gelungen war, zur gewählten deutschen Gemeindevertretung im Lager ein gutes Verhältnis aufzubauen.

Die Zurückhaltung der dänischen Behörden beim Aufbau großer Verwaltungen lassen sich teilweise durch Kostenaspekte erklären, teilweise durch die Auffassung, die Lager seien bloß vorübergehender Natur. Das Weißbuch der Flüchtlingsverwaltung erwähnt zudem Schwierigkeiten bei der Anwerbung von dänischem Personal direkt nach der Befreiung.

An die Lager war jeweils ein Wachkorps angegliedert, das Tag und Nacht außerhalb des Lagers patrouillierte. In den größten Lagern gab es umfangreiche Wachmannschaften, in Oksbøl wünschte der Lagerleiter im September 1945 – also bevor das Lager seine maximale Größe erreicht hatte – eine Aufstockung auf hundertachtzig Mann, da es offensichtlich Schwierigkeiten gab, Deutsche und Dänen auf der jeweiligen Seite des Zauns zu halten. Die Zeitungen des Landes warnten die Bevölkerung wiederholt vor dem Umgang mit Flüchtlingen. Und im August 1945 war zu lesen, dass der Umgang mit Deutschen zwar verboten sei, es aber

„vielen Menschen offenbar schwerfällt zu begreifen, dass es ein Gesetzesverstoß ist, mit deutschen Flüchtlingen oder Soldaten aus den verschiedenen Lagern ins Gespräch zu kommen."

Die Strafe für Fraternisierung mit deutschen Flüchtlingen konnte bis zu zwei oder drei Wochen Haft (Freiheitsstrafe im offenen Vollzug) betragen.

Diese Strafe erhielt ein 60-jähriger Däne, der sich über einen längeren Zeitraum mit einer jungen Deutschen getroffen hatte. Es konnte auch eine Geldstrafe von 100 Kronen verhängt werden, wie im Falle eines Ehepaars aus Aarhus, das sich um eine deutsche Flüchtlingsfrau gekümmert und ihr Plunderstückchen gegeben hatte.

Jørgen Carlsson zählte zu jenen dänischen Wehrpflichtigen, die im Lager Oksbøl Flucht und Fraternisierung verhindern sollten. Am 28. April 1947 notierte er in seinem Tagebuch:

„Der Tag fing gut an. Der Oberleutnant platzte vor Wut, weil wir am Morgen nicht aufgestanden waren, und verwüstete die ganze Stube. Aber das ist uns egal, weil uns kein Ausgang über Nacht gestrichen wird."

Carlsson war dorthin abkommandiert worden, ansonsten deutet nichts darauf hin, dass weder er noch andere Wehrpflichtige die Aufgabe der Bewachung sonderlich ernst nahmen. Deutsche und Dänen trafen sich. Manchmal wurde es entdeckt, manchmal nicht.

Die dänischen Lagerleitungen waren für den täglichen Betrieb verantwortlich und waren die höchste Instanz bei Vergehen und Gesetzesverstößen von deutschen Flüchtlingen. Das galt auch in Bezug auf die internen deutschen Richter und Lagergerichte. Zudem mussten alle freiheitsentziehende Urteile des Lagergerichts dem Lagerleiter vorgelegt werden. Zu den vielen Aufgaben einer Lagerleitung zählte auch die Registrierung, Verpflegung, Hygiene und Beschlagnahme von Geld und persönlichen Gegenständen, außerdem lag eine funktionierende Gesundheitsversorgung im Lager in ihrer Verantwortung. Die Lagerleitung musste für Ruhe und

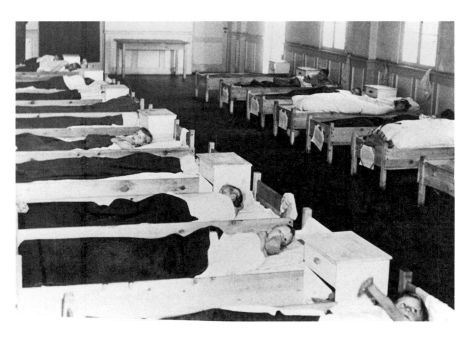

Die Säuglingssterblichkeit in Oksbøl stieg zum Jahreswechsel 1945-1946. Von den 457 Kindern unter einem Jahr starben im Januar 1946 23. Ein vermeintlicher Grund dafür waren die schlechten Wohnverhältnisse und der Mangel an Ruhe. || Blåvandshuk Lokalhistoriske Arkiv

Ordnung sorgen, daher mussten Kinder unter zehn Jahren vor 20:00 Uhr zu Bett gehen, für alle anderen im Lager musste spätestens um 22:00 Uhr Ruhe herrschen. Niemand durfte vor 6:00 Uhr aufstehen, außer wenn es die Arbeit verlangte.

In den Lagern herrschte eine Reihe von strengen Regeln – einem Militärlager nicht unähnlich. Tatsächlich waren die Regeln derart streng, dass es die Verfasser des Weißbuchs der Flüchtlingsverwaltung aus dem Jahr 1950 für notwendig hielten, darauf hinzuweisen, dass die Anweisungen und Regelungen für die Lager von Juli und November 1945 noch von der Sichtweise auf die Flüchtlinge aus der Zeit kurz nach der Befreiung geprägt gewesen seien, als die Mehrzahl von ihnen in beschlagnahmten Gebäuden innerhalb von Ortschaften gelebt habe.

In Oksbøl war die Lageradministration auch für das Betriebsbüro verantwortlich, dem die Verwahrstelle, Registratur, Gärtnerei und Werkstätten oblagen. Die Verwaltung kümmerte sich um

Wareneinkauf und Buchhaltung. Todesfälle und Geburten registrierte das Kirchenbüro. Die Zensur kontrollierte die ein- und ausgehende Post der Flüchtlinge. Die Krankenabteilung organisierte im Bedarfsfall die Überführung in ein Krankenhaus. Die Fahrabteilung war für den Fuhrpark des Lagers verantwortlich, den Transport von Lebensmitteln und Brennstoff, während die Autowerkstatt Reparaturen und Umbauten von Autos vornahm. Das Büro für die weiteren technischen Werkstätten war für die Wasserversorgung, Stromerzeugung, Badeanstalt, Wäscherei, Kanalisation und Kloaken zuständig, dazu kamen noch das Baubüro und die Telefonzentrale. Alle Aufgaben standen unter der Leitung von Dänen mit dem örtlichen Lagerleiter an der Spitze, doch ohne die Unterstützung der Flüchtlinge hätte dies nicht bewerkstelligt werden können.

Zu den Aufgaben der Lagerleitung und ihres Stabs zählte auch, Treffen zu Zwecken politischer Propaganda zu unterbinden. Der Nationalsozialismus sollte bekämpft und alle Rufe nach deutscher Vergeltung beseitigt werden. Daher wurden der kulturellen und politischen Aufklärung und Bildung eine hohe Priorität beigemessen. Es wurden Studienkreise etabliert, es gab Vorträge von deutschen Emigranten, die in den 1930er-Jahren vor der Naziherrschaft fliehen mussten.

Zugleich hatte die Unterbringung der vielen Menschen auch eine zwischenmenschliche Seite – Konflikte und Kriminalität ließen sich in den dicht bevölkerten Lagern kaum vermeiden. Die Arbeit als Lagerleiter erforderte daher Taktgefühl, Toleranz, Mitmenschlichkeit und Sozialempfinden. Dies führte gelegentlich sogar zu Entlassungen von inkompetenten Lagerleitungen.

Krankheit, Arbeit und Sport

Günther Schneider war ein Teenager aus Berlin. Dort hatte er mit seiner Familie gelebt und die Schule besucht, bis der Krieg sie auseinandertrieb. Schneider besuchte das Humboldt-Gymnasium, doch der Krieg und die Luftangriffe kamen immer näher. Bereits 1943 wurde er zusammen mit dem Rest der Schule nach Binz auf Rügen evakuiert. Anschließend kamen die Lehrer und Schüler kurz vor der Kapitulation zunächst nach Fredericia und dann ins Lager Oksbøl. Sein Tagebuch vermittelt einen Eindruck vom Lagerleben eines 17-jährigen Gymnasiasten. In vielerlei Hinsicht ähneln seine Gedanken denen von Gleichaltrigen. Er schreibt über seinen Alltag, die Schule, die Kameraden, über Mädchen und das Essen. Auch berichtet er von seiner Freude, wieder nach Deutschland zurückkehren zu können. Vereinzelt gibt es kritische Anmerkungen über Dänen, zu denen jedoch kein Kontakt bestand. Am Dienstag, dem 11. Februar 1947 notierte er:

„Schon um 8:00 Uhr stand ich auf, weil ich meine Wäsche waschen wollte. Das Wasser ist sehr kalt. Zum Schluss kann ich es nicht mehr aushalten. Ich habe dann die Wäsche aufgehängt, als mir ganz schlecht wurde. Ich lege mich sofort ins Bett. Ich stehe aber bald wieder auf. Ich nehme am Unterricht teil. [...] Abends gehe ich ins Kino. ›Wen die Götter lieben‹. Es ist ein herrlicher Film! Schade, daß die Handlung zu sehr ablenkt. Ich hoffe, zuhause wieder einmal ein Konzert zu hören. Wann wird einmal die Zeit kommen, in der ich mein Verlangen dann stillen kann, wann ich es wünsche?"

Der Alltag war für jüngere Kinder oftmals leichter. In den Erzählungen vieler Flüchtlingskinder spielen die Spielkameraden eine wichtigere Rolle als der Stacheldraht. Aus einem Bericht der Krankenstation im Lager Oksbøl vom Dezember 1945 geht hervor, dass 21 der 24 eingelieferten Säuglinge an den Folgen einer Epidemie starben. Die Anzahl ist ungewöhnlich, doch Krankheit, der Ausbruch von Epidemien und Tod gehörten ebenfalls zum Alltag, besonders im ersten halben Jahr nach der Befreiung. Unzählige Kindergräber auf den Flüchtlingsfriedhöfen in Dänemark zeugen davon.

Ansonsten waren Krätze, Borkenflechte, Bronchitis und Halsentzündung weit verbreitet, während lebensbedrohliche Krankheiten wie Diphtherie, akuter Darmkatarrh, rheumatisches Fieber und Tuberkulose seltener vorkamen. Angesichts der aktuellen Flüchtlingsdebatte mag der Eindruck entstehen, den dänischen Behörden sei der Tod von deutschen Flüchtlingen egal gewesen. Das ist jedoch ein Irrglaube. Die dänischen Behörden hatten ein großes Interesse an Impfprogrammen und der Verhinderung von Infektionskrankheiten, die schließlich leicht den Stacheldraht hätten überwinden und sich unter der dänischen Bevölkerung ausbreiten können.

Auf dänischer Seite war man sich bewusst, dass viele Flüchtlinge im Krieg und auf der Flucht Schlimmes erlebt hatten, oft lag die Ungewissheit über das Schicksal des Ehepartners wie ein dunkler Schatten über einer Familie. Von psychologischer Unterstützung wusste zu jener Zeit kaum jemand etwas, daher war für die dänischen Behörden Beschäftigung das Schlüsselwort. Zudem wurden in den Lagern Gottesdienste abgehalten, bei denen die Flüchtlinge etwas von dem festen Boden unter ihren Füßen zurückgewinnen konnten, den sie verloren hatten. Ein weiterer wichtiger Ansatz der Flüchtlingsverwaltung war die Familienzusammenführung. Die Arbeit begann im Oktober 1945 und ermöglichte nach dem Verbleib von Kindern, aber auch Angehörigen, Freunden und Bekannten zu forschen.

Das Nichtstun stellte ein Problem dar. Die Tagebuchaufzeichnungen aus der Zeit kurz nach der Besatzung belegen dies. Manch einem fiel es schwer, sich die Zeit zu vertreiben. Andere wie Bernhard Blaedtke ließen sich zum Sprecher eines Blocks wählen, dem ein kleines Büro zur Verfügung gestellt wurde, damit er sich um die ungefähr 1.200 Flüchtlinge in den acht zuständigen Holzbaracken kümmern konnte. Um dem Nichtstun entgegenzuwirken, bestand eine Arbeitspflicht, wodurch die Flüchtlinge bspw. bei der täglichen Essenszubereitung oder der Verwertung der spärlichen Kleidungsreste mithelfen mussten. Andere unterrichteten oder beaufsichtigten die vielen Kinder des Lagers. Wieder andere arbeiteten als Ärzte, Zahnärzte oder Taubstummenlehrer. Aus dänischer Sicht waren Beschäftigung, aber auch Aufklärungs- und Kulturarbeit notwendig, um die negativen Folgen der Internierung auf den Gemütszustand der Flüchtlinge zu minimieren und um Lagerpsychosen, Hysterie und allgemeine Teilnahmslosigkeit vorzubeugen. Die Fähigkeit, ein geregeltes Leben zu führen und zu arbeiten sollte einem allgemeinen Verfall entgegenwirken.

Sportauszeichnungen und Berichte zeugen von einem Lagerleben, in dem sich Ballspiel und Leichtathletik entwickelte, im Lager Oksbøl gab es sogar Theateraufführungen auf einer großen Bühne.

Zu den kurioseren Seiten des Lageralltags zählt die Geschichte von Vater Germania. Die Tageszeitung *Dagbladet Information* berichtete als Erste über einen Flüchtlingszug, der die Grenze bei Padborg passierte und einen 17-jährigen an Bord hatte, den seine Landsleute *Vater Germania* nannten, da er während seiner Zeit in Dänemark 45 Kinder gezeugt haben soll. Die Geschichte trägt legendenhafte Züge, wenngleich junge Männer bei den Frauen in den Lagern begehrt waren. Insgesamt kamen in den Flüchtlingslagern ungefähr 6.000 Kinder zur Welt.

Zum Alltag gehörten auch Vergehen rund um die dicht bevölkerten Lager. Es konnte sich dabei um Frauen handeln, die die Freiheit außerhalb des Zauns ausgenutzt hatten, oder um Menschen, die geflohen waren. Wie der 16-jährige Otto Klünder, der gemeinsam mit einem Kameraden unter dem Zaun gekrabbelt und entkommen war. Viele Jahre später berichtete er, dass der Grund für seine Flucht die Sehnsucht nach seiner Familie in Berlin gewesen sei. Die Flucht führte die zwei Burschen zunächst nach Varde, dann weiter nach Ribe, ehe sie in Tønder gefangen und nach Oksbøl zurückgebracht wurden, wo ihnen der Fluchtversuch einige Tage Arrest einbrockte.

Der nationalsozialistische Adler liegt symbolisch in Schutt und Asche. In seiner Abschiedsrede als Lagerleiter von Oksbøl erwähnte Bjørnholm, er habe nicht mit deutschen Flüchtlingen arbeiten können, ohne an ihre Zukunft zu denken: „Der Wiederaufbau wird hart und schwierig, da Deutschland aufgrund des Nationalsozialismus und der Herrenvolkmentalität mit Misstrauen beäugt werden wird. […] Auch wenn der Weg dahin schwer sein wird, muss Deutschland unter den europäischen Völkern selbstverständlich wieder einen Platz als gleichberechtigte Nation einnehmen."
|| Shawshots/Alamy

Ein demo-
kratisches
Europa

Die notwendige Aufklärung

Kurz nach der Befreiung mehrten sich die Stimmen, die einen Prozess der Aufklärung oder Sinneswandels unter den deutschen Flüchtlingen in Gang bringen wollte. Bereits im Juli 1945 äußerten dies deutsche Emigranten, hauptsächlich Sozialdemokraten und Kommunisten, die seit den 1930er-Jahren und während des größten Teils der Besatzung in Dänemark gelebt hatten. Aufklärung und Schulung waren ihrer Ansicht nach notwendig. Sie lenkten die Aufmerksamkeit des Arbeits- und Sozialministeriums auf die Tatsache, dass sich in den Lagern viele Nationalsozialisten aufhielten, die unter den Flüchtlingen jedwede demokratische Entwicklung zu unterdrücken versuchten. Es musste etwas getan werden. Doch zunächst ignorierten die Behörden die Bitte. Zum einen hatten sie genug mit der Verpflegung und der vorläufigen Unterbringung zu tun, zum anderen befürchteten die Behörden, es könne sich um politische Agitation in den Lagern handeln, die war jedoch bereits verboten.

Anfänglich gab es kein großes Interesse an Unterricht und Aufklärung in den Lagern, und die dänische Bevölkerung war „in dieser Frage äußerst negativ eingestellt". Was auch immer die Bevölke-

In den Flüchtlings-
lagern wurden
Deutsch, Rechnen,
Physik, Mathematik,
Biologie, Religion,
Geografie, Sport und
Musik unterrichtet.
Schulbücher auf
Deutsch waren
Mangelware, da die
Schulmaterialien der
Nationalsozialisten
vernichtet wurden.
Das Foto zeigt eine
Schulklasse in einem
Flüchtlingslager in
Aalborg im Jahr 1947.
‖ Vardemuseerne

rung denken mochte, es war klar, dass die Behörden
eine Verantwortung trugen. Nicht nur gegenüber
den deutschen Flüchtlingen, sondern auch einem
neuen demokratischen Europa gegenüber, und
dieser Verantwortung stellten sich die Behörden im
Laufe des Herbsts 1945. Bis dahin hatte sämtlicher
Unterricht behelfsmäßig und vollkommen un-
strukturiert stattgefunden. Während der Besatzung
erhielten die Flüchtlingskinder nur Unterricht,
wenn andere Flüchtlinge diese Aufgabe übernehmen konnten. Nach der Befreiung zögerten die
dänischen Behörden mit der Durchführung eines
regulären Unterrichts, bis die Unterbringung und
Verpflegung geregelt waren.

Ab Oktober 1945 nahmen die Behörden ein
demokratisches, antinazistisches Unterrichtspro-
gramm in Angriff. Da es sich um die Unterrichtung
von vielen Tausend Kindern handelte, ließ sich ein
solches Programm nur in Zusammenarbeit mit den

Flüchtlingen selbst verwirklichen. Deshalb wurde Anfang Oktober 1945 an alle Lagerleitungen ein Fragebogen verschickt, um einen Überblick über die zur Verfügung stehenden Lehrkräfte zu erhalten. Das Ergebnis ergab zunächst circa 1.500 infrage kommende Lehrer. Durch die Unterbringung von Flüchtlingen in größeren Lagern ließen sich eine ausreichend große Anzahl an Räumen zur Verfügung stellen und die Stundenzahl beachtlich erhöhen. Zwischen 12 bis 15 Stunden, 18 bis 20 Stunden sowie 24 bis zu 30 Wochenstunden Unterricht. Dies ging allerdings nicht problemlos vonstatten, wie ein Bericht eines Unterrichtsinspektors erwähnt, der die häufig zu großen Klassen bemängelt.

Hinsichtlich der ideologischen Aspekte des Unterrichts sprach sich Johannes Kjærbøl dafür aus, den Unterricht unter dänischer Kontrolle und auf Basis demokratischer, politisch neutraler Prinzipien stattfinden zu lassen. Er wollte jedwede Form von nazistischem und militärischem Einfluss nach Leibeskräften entgegenwirken:

„Wenn ich ›nach Leibeskräften‹ sage, meine ich, dass wir uns auf antinazistische Lehrer und Schulbücher stützen sollten, aber keinen harten Propagandakurs gegen den Nationalsozialismus und mit einer Verherrlichung der Demokratie fahren sollten."

Kjærbøls Auffassung nach sollte behutsam vorgegangen werden, damit sich die Flüchtlinge nicht gegen die Ideale der Demokratie richteten.

Es gab jedoch kaum Bücher, da die nationalsozialistischen Unterrichtsmaterialien unbrauchbar waren und zerstört werden mussten. Um diesen Mangel zu beheben, ließ die Flüchtlingsverwaltung Lesebücher für den Deutschunterricht entwickeln. Die mittleren Klassen erhielten dänische Rechenbücher, versehen mit einem dänisch-deutschen Glossar, zudem wurden weitere Lehrbücher beschafft, zum Beispiel für Mathematik. Für die älteren Jahrgänge der Volksschule, für die Mittelstufe und Gymnasiasten gab es ganze Klassensätze mit Werken der klassischen deutschen Literatur. Ergänzt wurde der Bestand an Schulbüchern durch Lieferungen aus den deutschsprachigen Landesteilen der neutralen Schweiz.

Die meisten Lehrer hatten in Nazideutschland gearbeitet, ein Teil war nach der Machtübernahme Hitlers ausgebildet worden. Da die dänischen Behörden nur geringe Kenntnis über die politische Einstellung der Lehrer in den Lagern hatten, versuchte die Polizeiabteilung der Flüchtlingsverwaltung, überzeugte Nazis als Lehrkräfte auszuschließen. Die Kandidaten wurden bei einem Gespräch auf ihre politische Einstellung hin überprüft. Hatte eine Verbindung zur NSDAP oder Hitlerjugend bestanden? Wie war ihre Einstellung zu Hitler und der nationalsozialistischen Ideologie gewesen? Was dachten sie über Nazigrößen wie Joseph Goebbels (1897-1945), Robert Ley (1890-1945) oder Heinrich Himmler? Auf Grundlage des Gesprächs wurde die Glaubwürdigkeit und politische Gesinnung der Kandidaten beurteilt, hinterließen sie einen zufriedenstellenden Eindruck, durften sie als Lehrkraft arbeiten.

Bei Flüchtlingen jenseits des schulpflichtigen Alters ging es meist um Aufklärung, mit Schwerpunkt auf den politischen Aspekten der nationalsozialistischen Verbrechen. Hierzu gab es von der Flüchtlingsverwaltung organisierte Diskussionsgruppen und Vorträge, die sich an Jugendliche und Erwachsene richteten. Man ließ beispielsweise Auszüge des Buchs *Hvad er demokrati?* (dt.: Was ist

Demokratie?) des Theologen Hal Koch (1904-1963) ins Deutsche übersetzen und verteilte sie an die Menschen in den Lagern.

Eine idealistischere Herangehensweise an diese Aufgabe praktizierte Hjalmar Gammelgaard (1880-1956), Direktor der Arbeitervolkshochschule von Roskilde. Die Volkshochschule fungierte bis Mitte November 1945 als Flüchtlingslager. Als dessen Leiter war Gammelgaard fest entschlossen, mit den Flüchtlingen zusammenzuarbeiten, hatte aber zugleich die Zukunft im Blick, als er von einer neuen demokratischen Erziehung des deutschen Volkes sprach. Er hielt es für entscheidend, das Vertrauen der Flüchtlinge zu gewinnen. Allerdings boten die Lager nach Gammelgaards Ansicht nicht die besten Voraussetzungen, um Vertrauen zu schaffen. Strikte Briefzensur, Internierung und Bewachung standen im direkten Widerspruch zur Demokratie. Wollte man die Flüchtlinge in eine demokratische Richtung lenken, würde das nur gelingen, wenn sie begriffen, dass Demokratie freie Meinungsäußerung bedeutete und es keinen „Halbgott" gab, der ihnen sagte, was sie glauben und tun sollen.

Gammelgaard bemühte sich stattdessen darum, die Flüchtlinge zu verstehen, aber auch von ihnen zu lernen. Daher ließ er im Flüchtlingslager seiner Volkshochschule einen aus sieben Frauen und sieben Männern bestehenden Rat wählen, mit dem er mindestens einmal pro Woche über die Verhältnisse im Lager sprach. Dabei ging es um Themen wie die Schule, den Kindergarten sowie Ordnung und Sauberkeit. Er war der Auffassung, auf diese Weise die durch die Nazidiktatur hervorgerufene Angst und das Misstrauen unter den Flüchtlingen überwunden zu haben. Es gab sogar einige, die wagten seiner Meinung zu widersprechen, wie er es der Zeitung *Socialdemokraten* an Silvester 1945 berichtete. Solch eine Vorgehensweise funktionierte in einem sehr kleinen Lager mit einem weitblickenden, idealistischen Leiter sicherlich weitaus besser als in den großen Lagern, wo der Abstand zwischen Lagerleitung und den Flüchtlingen weitaus größer war.

Im Flüchtlingslager am Thistedvej in Aalborg übernahm zum Jahreswechsel 1945-1946 der ehemalige Widerstandskämpfer Carlo Wognsen (1916-1979), Mitglied der Widerstandsorganisation Frit Danmark, die Leitung. In dem Lager lebten knapp 1.400 Flüchtlinge. Wognsen ist ein gutes Beispiel dafür, was eine engagierte Lagerleitung bewirken konnte. Bei einem Besuch der Flüchtlingsinspekteure im Januar 1946 notierten diese, dass sich die schlechte Stimmung im Lager offensichtlich verbessert und die Leitung „viel für die Beschäftigung der Flüchtlinge" getan habe. Wognsen hielt Sprechstunden ab, was eine effektive Methode zur Bekämpfung der vielen im Umlauf befindlichen Gerüchte gewesen zu sein schien. Dies bestätigten die Flüchtlinge.

Der Verantwortliche für den Unterricht im Lager Kløvermarken auf Amager, Claus Moldt, drückte dies treffend aus:

„mit der Aufklärungsarbeit in den Flüchtlingslagern sollte mit Bedacht vorgegangen werden; denn so ergibt sich im Gegenzug die Chance, diese Menschen zur Mitarbeit an einem demokratischen Europa zu bewegen. Gelingt dies, gebührt den Unterrichtskräften ein großer Teil der Ehre."

Demokratie hinter Stacheldraht?

Die *Deutschen Nachrichten* waren während des Krieges in Dänemark als illegale Zeitung entstanden, entwickelten sich aber nach der Befreiung zu einer Flüchtlingszeitung. Deutsche Nazigegner (Exil-Sozialdemokraten und -Kommunisten) verfassten Artikel und redigierten die Zeitung. In ihr erfuhren die Flüchtlinge beispielsweise vom Truppenabzug der Briten aus Ägypten, oder dass sich die Kriegskosten der *New York Times* zufolge auf eine Billionen Dollar beliefen. Sie konnten sich auch über die neusten Enthüllungen von Naziverbrechen in Polen oder die Internierung von 100.000 Nationalsozialisten in Bayern informieren. Neben weltpolitischen Themen gab es auch Platz für Alltäglicheres wie den Lagersport.

Am Ende der Zeitung gab es eine Rubrik für freie Meinungsäußerung, in der sich die Flüchtlinge mit Fragen zu Wort melden konnten, die von den deutschen Redakteuren beantwortet wurden. So fragte sich zum Beispiel ein Flüchtling aus dem Lager Kløvermarken, warum sie nach all den Jahren in Dänemark immer noch hinter Stacheldraht eingesperrt seien, obwohl sie lieber heimkehren und beim Wiederaufbau Deutschlands mithelfen wollten. Aus dem Lager in Herning wollte Ingeborg Krüger im Mai 1946 wissen, wie der Herausgeber Jochen Spatz – Pseudonym des sozialdemokratischen Journalisten Hans Reinowski (1900-1977) – die Vorstellung von freier Demokratie mit einem Leben hinter Stacheldraht vereinbaren könne. Für den in Freiheit lebenden Herausgeber sei es leicht, in der Zeitung Tischreden zu schwingen, während

„unser Herz nach der Freiheit schreit, und nach Deutschland und einem anderen Leben, als immer hinterm Stacheldraht zu sitzen und warten, bis sich andere bequemen, uns die langersehnte Freiheit zu geben."

Herr Spatz erklärte, die deutschen Flüchtlinge in den Lagern seien keine Gefangene und würden auch nicht als solche behandelt. Zugleich machte er deutlich, wie gut er aus eigener Erfahrung wisse, was es bedeute, hinter Stacheldraht zu sitzen. Gerade aus diesem Grund müsse er Frau Krüger bitten, über die Notwendigkeit der Internierung in Ruhe nachzudenken. Herr Spatz war die Geduld selbst, als er äußerte, Dänemark sei ein kleines Land mit einer geringen Bevölkerung:

„Immer auf siebzehn Dänen kommt ein deutscher Flüchtling. Ein Fremdkörper von über zweihunderttausend Ausländern ist für so ein kleines Volk eine Gefahr, ganz gleich, ob es sich um Deutsche, Franzosen, Engländer, Russen oder Amerikaner handelt."

Sie seien massenweise ins Land gekommen, ohne gültige Reisepapiere und Arbeitsmöglichkeiten, kaum mit dem Allernotwendigsten ausgestattet. Spatz fügte hinzu, dass „zu normalen Zeiten mit offenen Landesgrenzen" die Behörden Ausländer abschöben, die ungebeten und unerwünscht fremden Boden beträten. Sofern eine Abschiebung nicht möglich sei, würden unerwünschte Ausländer interniert. „Das ist in der ganzen Welt so und nach internationalem Recht durchaus üblich." Dann zog Spatz die „Nazikarte" und erklärte, dass sich neben den vielen Zehnausenden ordentlichen, zurückhaltenden und anständigen Menschen auch „eine ganze Masse Elemente unter den Flüchtlingen finden, die alles andere als Engel sind", sofern man sich ein wenig in den Lagern umschaue. Würden die Lager geöffnet und sich alle frei im Land bewegen können, würden die heimlichen und offenen Nazis das Land unsicher machen, Unruhe stiften, Skandale anzetteln und mit der Polizei in Konflikt geraten. In seiner Antwort fragt er sich, wer dafür die Schuld bekommen würde:

„Nicht nur wir Deutschen hier im Lande, sondern unser ganzes Volke, was doch wahrhaftig genug auf dem Nacken hat. Der Hass und die Abneigung gegen uns, der eben langsam abzuklingen beginnt, würde wieder neue Nahrung bekommen."

Drängten die Flüchtlinge auf den dänischen Arbeitsmarkt, würden sie die Löhne drücken und viele Dänen brotlos machen, was natürlich einen negativen Einfluss auf die dänische Öffentlichkeit hätte. Die deutschen Flüchtlinge wären gezwungen, zu betteln und zu stehlen. Und niemand würde die guten, ruhigen, zurückhaltenden und anständigen Deutschen bemerken, denn solche Menschen zögen keine Aufmerksamkeit auf sich, erläuterte er, aber

„der bettelnde, stehlende, an einer Schlägerei beteiligte oder betrunkene Deutsche, jedes deutsche Strassenmädchen, das der Polizei in die Finger fiele, würde uns allen angehängt werden und dem Ansehen unseres ganzen Volkes schwere Einbusse zufügen."

Spatz schlussfolgerte, es sei besser, wenn sie bis zur Rückkehr hinter Stacheldraht blieben: „Nun, liebe Frau Krüger, nun glaube ich, deutlich genug geworden zu sein."

Ein dänischer Beamter hätte keine bessere Erklärung liefern können als die von Jochen Spatz in den *Deutschen Nachrichten*. In dieser Beziehung fanden die Behörden in den deutschen Nazigegnern ein loyales Sprachrohr. Tatsächlich war es für die dänischen Behörden bequem, dass ein Deutscher kritische Leserbriefe beantwortete. Unter den Flüchtlingen machte sich dagegen der Eindruck breit, die anständigen Antifaschisten seien elitär und ein wenig zu fromm. Das Hitlerregime habe für sie zwar Gefangenenlager und Exil bedeutet, doch nun erfolge ihre Argumentation aus einer sicheren Position heraus. Daher waren ihre Einstellungen nicht immer völlig deckungsgleich mit denen der internierten Flüchtlinge, von denen sich viele von den Versprechungen und Lügen des Nationalsozialismus hatten verführen lassen.

Wer kümmert sich um uns?

Unter der Überschrift „På vej ud!" (dt.: Auf dem Rückweg!) berichten die Zeitungen am 31. Oktober 1946 von den ersten 1.273 deutschen Flüchtlinge aus dem Lager Oksbøl, die auf ihrem Weg nach Deutschland in der Nacht zum Mittwoch im Durchgangslager Tved bei Kolding angekommen waren. Dort sollten sie vor der Ausreise am Mittwoch ärztlich untersucht werden. Als eine der Ersten verließ Ilse Braun am 12. Dezember 1946 Dänemark. Es hat sich eine Liste über den Inhalt ihres Koffers erhalten: zwei Paar Schuhe, zwei Paar Holzschuhe, drei Teller, ein Paar Unterhosen, vier Röcke, ein BH, zwei Löffel, etwas Brot, eine Pfanne, vier Säcke, zwei Kleiderbügel, drei Decken, eine Kinderstrickjacke und ein Paar Socken. Das war nicht viel für einen Neuanfang.

Das alles überragende Thema in Briefen, Tagebuchaufzeichnungen und Leserbriefen in den *Deutschen Nachrichten* ist der Wunsch, nach Deutschland zurückkehren zu können. Obwohl anfänglich nur die wenigsten wussten, dass ihr einstiges Zuhause keine Option mehr war. Die meisten mussten sich eingestehen, dass ihre Heimat verloren gegangen war und sie sich in einer neuen Umgebung, die 1949 West- und Ostdeutschland wurde, zurechtfinden mussten.

Vor Beginn der Rückführung der deutschen Flüchtlinge besuchte Johannes Kjærbøl mit einem kleinen Stab Ende August 1946 die britsche Zone. Dies diente dazu, die Briten von den Sorgen der Dänen mit den deutschen Flüchtlingen zu unterrichten, aber auch, einen Einblick in die Versorgung der Flüchtlinge durch die Briten zu erhalten. Auf ihrer Reise konnten Kjærbøl und seine Leute mit eigenen Augen die Spuren des Krieges sehen, zerstörte Panzerwagen, Autos und Flussdampfer, eingestürzte Brücken sowie Häuser mit Löchern vom Artilleriebeschuss. Sie erlebten die massiven Zerstörungen im Ruhrgebiet, das ausgebombte Berlin und das verwüstete KZ Bergen-Belsen. Die Gruppe erhielt auch Gelegenheit, ein ehemaliges SS-Übungslager zu besuchen, in dem sich 10.000 jüdische Flüchtlinge auf ihrem Weg nach Palästina aufhielten. In Lemgo (südlich von Hannover) trafen Kjærbøl und sein Stab mit dem britischen Brigadegeneral Arthur G. Kenchington (1890-1966) und Evelyn Fanshawe (1895-1979), Generalsekretärin der Nothilfe- und Wiederaufbauverwaltung der Vereinten Nationen (UNRRA) zusammen. Ihnen gegenüber hob Kjærbøl hervor, welche Schwierigkeiten 200.000 Flüchtlinge für ein Land mit nur vier Millionen Einwohnern bedeuteten.

Zwar war nach dänischer Auffassung eine Internierung und Absonderung der Flüchtlinge von der dänischen Gesellschaft notwendig, doch den Briten wurde mitgeteilt, dass die Internierung unter den Deutschen zu Psychosen führen könne. Wirtschaftlich und gesellschaftlich seien die Flüchtlinge eine Bürde, doch wenn Dänemark sie loswerden könne, wäre es in der Lage, mehr Lebensmittel zu exportieren, sagte Kjærbøl. Somit wurden die deutschen Flüchtlinge zu einer Schachfigur in den politischen Verhandlungen.

Kjærbøl traf bei General Kenchington auf Verständnis für die dänische Position, wenngleich er deutlich machte, dass die Einwohnerzahl der britischen Zone bereits von 16 auf 21 Millionen angewachsen war. Meist handelte es sich dabei um Menschen, die schon vor der Kapitulation aus dem Osten gekommen waren, das Potsdamer Abkommen (vom August 1945 zwischen den Siegermächten USA, Großbritannien und der Sowjetunion) regelte zudem die Überführung von weiteren 1,5 Millionen Menschen aus Osteuropa in die westlichen Zonen. Daneben kamen Menschen aus der russischen Zone und es gab illegale Wanderungsbewegungen gen Westen. Zugleich standen nur 53 % Wohnraum im Vergleich zum Vorkriegsniveau zur Verfügung. Daher veranschlagten die Briten zwei Personen pro 8 Kvadratmeter Wohnfläche. Bei einem informellen Gespräch mit drei britischen Offizieren über die deutschen Flüchtlinge in Dänemark, sagten diese offen, dass sich die Dänen zu sehr beklagten, anstatt den Gürtel enger zu schnallen.

Es ist unklar, wie stark Kjærbøl bei den Briten Gehör fand, doch schon ein paar Monate später begannen die ersten Transporte mit deutschen Flüchtlingen. Im Laufe der Jahre 1947 und 1948 verließ der weitaus größte Teil Dänemark. Und am 15. Februar 1949 verließ der letzte deutsche Flüchtling das Land.

Martin Paul aus dem Lager Skrydstrup verließ Dänemark im Laufe des Jahres 1947. Am 20. November 1947 schrieb er aus seinem neuen Zuhause in Herzberg am Harz wieder an Herrn Kjer:

„Liebwerter Herr Kjer! Nachdem ich nun schon über ½ Jahr in Deutschland bin gedenke ich Ihrer immer noch in Dankbarkeit und sende Ihnen und Ihrer Familie sehr herzliche Grüße. Vielen Flüchtlingen und besonders mir wird die Zeit in Dänemark eine nette Erinnerung bleiben. Das dänische Volk war bemüht uns die schwere Zeit so angenehm wie nur möglich zu gestalten und uns ausreichend zu verpflegen. Hier in Deutschland ist es längst nicht so. Die Verpflegung ist völlig unzureichend und um uns heimatlose Ostflüchtlinge kümmert sich niemand. Die politische Lage ist auch so gespannt, daß niemand weiß, was uns die Zukunft bringen wird."

Träume und Hoffnungen wurden oft enttäuscht. Martin Paul war nach Deutschland zurückgekehrt, allerdings in eine ihm fremde Gegend. Natürlich sprach er dieselbe Sprache und ähnelte den Leuten vor Ort im Aussehen – dennoch war er Ostflüchtling. Diese waren nur selten beliebt, weil sie sich vor Ort integrieren sollten, deren Bevölkerung in einer wirtschaftlich schwierigen Situation war. Das machte das Leben und die Integration schwer, weshalb gelegentlich auch von der kalten Heimat die Rede ist.

„Bleibt so lange wie möglich in Dänemark [...] schreiben die ersten zurückgeschickten deutschen Flüchtlinge", hieß es am 1. Januar 1947 in der Zeitung *Berlingske Tidende*. Dies war eine Konsequenz der ersten im November 1946 erfolgten Rückführungen in die britische und französische Zone. „Hier ist es furchtbar", war die Botschaft jedes einzelnen Briefes der Zeitung zufolge, den zurückgekehrte Flüchtlinge an Freunde oder Verwandte geschickt hatten, die sich noch in Dänemark befanden. Plötzlich erlebten die Behörden, vorher unvorstellbar, wie Flüchtlinge darum baten, in Dänemark bleiben zu dürfen. Allerdings war klar, dass den Wünschen nicht entsprochen werden konnte, „da die Flüchtlinge lange genug in Dänemark gewesen waren und ungeheure Summen gekostet hatten", wie die Zeitung weiter vermerkte.

Bei der Ankunft in Deutschland erfolgte die Unterbringung der meisten Flüchtlinge in Notunterkünften, zum Beispiel Barackenlagern, manchmal waren es aber auch Bauernhöfe, wo in Scheunen und über Ställen geschlafen wurde. Am 8. März 1946 hatte die britische Militärverwaltung Regeln zur besseren Verteilung auf Wohngebiete in den deutschen Ortschaften erlassen. Die Flüchtlinge erhielten ein Mindestmaß an Wohnfläche, 4 m² pro Erwachsenen, 2 m² pro Kind unter 14 Jahren. Eine Mutter mit drei Kindern hatte demnach einen Anspruch auf erbärmliche 10 m². Doch der Traum von einer Rückkehr war bei den meisten stark, selbst wenn es ein anderer Ort in einem neuen Deutschland war.

Am 5. April 1947 verkündete die Zeitung *Land og Folk*, dass die Rückführungen im vollen Gange seien und die Flüchtlingsverwaltung die verbliebenen Flüchtlinge auf wenige Lager verteilen wolle. Falls die sowjetischen Militärbehörden wie versprochen 36.000 Deutsche und zugleich die Amerikaner im Laufe des Sommers 12.000 in ihrer Zone aufnehmen würden, läge die Anzahl der Flüchtlinge in Dänemark nur noch bei ungefähr 100.000. Verteilt auf die Lager Oksbøl, Rom, Ry, Aalborg, Frederikshavn und Karup (Grove-Gedhus), während die übrigen Lager geschlossen werden könnten.

Auch Karl Rudolf Lickfett verließ im Sommer 1947 das Lager Gedhus und somit Dänemark, doch die Ankunft in Deutschland war alles andere als

leicht. In einem Brief vom September an Methine Smidt berichtet er:

„ Ich schreibe auf einem Bahnhof, der unheimlich zerstörten Stadt Osnabrück. Sie sagten damals, über die Rückfahrt nach Deutschland kann man geteilter Meinung sein. Ich weiß es, aber es ist mein Vaterland und ich liebe es, wenn es auch heute nach 2 ½ Jahren Kriegsschluss noch immer im *völligen Chaos* ist. Alles ist ein Durcheinander, die Essen und Wohnungsfrage überschattet alles! "

Raus aus Dänemark

Die Flüchtlinge hatten bis zu einem gewissen Grad Einfluss darauf, wohin sie nach ihrem Aufenthalt in Dänemark kamen. Elsbet Werner war in den letzten Kriegstagen mit ihrer Mutter, kleinen Schwester und Tante aus Danzig nach Dänemark geflohen. Dort wurde ihre Mutter bei einem alliierten Luftangriff am 4. Mai 1945 – bloß zwei Stunden vor der Nachricht von der Kapitulation der deutschen Truppen in Dänemark - bei Vognbjerg nördlich von Skjern schwer verwundet. Einen Monat später erlag die Mutter ihren Verletzungen. Nach einem Aufenthalt in den Lagern Brosbølgård bei Tarm und anschließend in Rødslet (im Westen von Aalborg) erklärten Elsbets Großeltern im Februar 1947 schriftlich, dass sie, ihre Schwester und Tante bei ihnen wohnen könnten. Die ebenfalls aus Danzig stammenden Großeltern befanden sich mittlerweile in Schleswig-Holstein. Bei bitterer Kälte fuhren sie in einem ungeheizten Zug durch das zerstörte Deutschland, erinnert sie sich. Elsbet und ihre Schwester bleiben bei den Großeltern. Später zogen sie nach Goslar im Harz, wo sie die Schule abschloss.

Den offiziellen Zahlen der Flüchtlingsverwaltung zufolge verließen ungefähr 150.000 deutsche Flüchtlinge zwischen 1946 und 1949 Dänemark. Die Flüchtlingsverwaltung organisierte ihren Transport, das dänische Militär indes den für weitere 53.317 ehemalige deutsche Militärangehörige. Diese mussten vor ihrer Rückkehr zunächst ein alliiertes Kriegsgefangenenlager durchlaufen. Das betraf zum Beispiel den knapp 18-jährigen Günter Schneider und seinen Kameraden Günter Fredrich von der Humboldt-Schule. Gemeinsam mit anderen Kameraden verließen sie am 20. Februar 1947 Oksbøl. Eine Woche zuvor hatten sie erfahren, nach Berlin heimkehren und ihre Eltern nach zwei Jahren wiedersehen zu können. Am Tag der Abreise notierte Schneider in seinem Tagebuch:

„Morgens stehe ich um ¾ 7 Uhr auf, also eigentlich springe ich aus dem Bett, [...]. Ein Auto holt uns zur Kommandantur ab. Der Abschied ist kurz und schmerzlos. Die Fahrt ist für mich etwas Selbstverständliches. Oder ist es noch unfassbar, dass das Leben im Oksböllager ein Ende hat? Die Kontrolle auf der Kommandantur war oberflächlich. Aber von mir hätten die Dänen beinah etwas Seife gefunden. Es ging aber noch einmal gut. Um ½ 10 Uhr bringt uns das Auto zum Bahnhof, und seit Jahren bekommen wir mal wieder feste Häuser zu sehen."

Im Zug auf dem Weg ins Lager Kollund in der Nähe der deutsch-dänischen Grenze bemerkte er, wie wütend die Dänen ihn und seinen Kameraden betrachteten. Im Zug stießen sie auch auf eine Dänin, die ihnen einen „vernichtenden Blick" zuwarf, nachdem sie herausgefunden hatte, dass sie Deutsche waren. Am Tag darauf, dem 21. Februar, kamen sie in Kollund an, wo sie bis zum 27. des Monats blieben. Anschließend verließen sie Dänemark mit

Kurs auf das Kriegsgefangenenlager in Münster. Dort wurden sie auf Sympathien für den Nationalsozialismus überprüft, bevor ihre Entlassung aus britischer Kriegsgefangenschaft erfolgte. Schneider erzählt viele Jahre später, wie ihn die Gerüchte über eine Umleitung der Züge von Münster nach Berlin in Richtung Sowjetunion verängstigt hatten. Zusammen mit den anderen erreichte er am 30. März Berlin – vier Jahre nach seiner Evakuierung nach Binz. Günter Schneider und die anderen Schüler des Humboldt-Gymnasiums verließen Dänemark somit als Wehrmachtsangehörige.

Für diesen Teil der Rückführung waren Oberstleutnant Johan Herluf Skjoldager (1894-1969) und Unteroffizier Harry Sørensen verantwortlich. Ihre Aufgabe bestand darin, deutsche Flüchtlinge mit einer Verbindung zur Wehrmacht ausfindig zu machen. Günter Schneider und seine Kameraden vom Humboldt-Gymnasium hatten bei ihrer Ankunft vor der deutschen Kapitulation in Fredericia unter anderem ein Militärtraining erhalten. Mit den Briten bestand die Absprache, dass die zivilen deutschen Flüchtlinge in Dänemark bleiben sollten, die Briten im Gegenzug die Wehrmachtssoldaten aus den Lagern aufnähmen. Mit Unterstützung des ehemaligen Oberstleutnants im deutschen Generalstab in Dänemark, Günter Toepke (1914-1987), gelang es den beiden Männern auf diese Weise, gut 50.000 Personen aus den Flüchtlingslagern zu entfernen. Gelegentlich war die Verbindung zur Wehrmacht bei den rückgeführten Flüchtlingen nur gering. Zum Beispiel bei Frauen, die vermutlich nur kurze Zeit für die Wehrmacht gearbeitet hatten, oder bei den Schülern der Humboldt-Schule, die ein kurzes Militärtraining in Fredericia erhalten hatten.

Die deutschen Flüchtlinge wurden auf die alliierten Besatzungszonen verteilt. Gut 50.000 von ihnen kamen in die französische Besatzungszone nach Südwestdeutschland, knapp 45.000 in die britische. Die russische Besatzungszone nahm 36.001 auf, die amerikanische erhielt mit 14.000 Personen am wenigsten. Die Verteilung spiegelt wider, in welchem Umfang die Franzosen auf die Arbeitskraft der Flüchtlinge angewiesen sein mochten, während sich die Überführung in die britische Zone mit der Nähe zur dänischen Grenze erklären lässt. Gleichzeitig konnte ein Teil der Flüchtlinge Familienangehörige in der französischen, britischen oder russischen Zone nachweisen, im Unterschied zur amerikanischen Zone. Die russische Besatzungszone nahm weniger Flüchtlinge auf als von den Westalliierten erhofft. Das lag vor allem an der Verschiebung der polnischen Landesgrenze nach Westen.

Viele deutsche Flüchtlinge sahen ihre Heimat nie wieder. Einige der jüngeren erlebten allerdings 1989 den Fall der Mauer und erhielten dadurch Gelegenheit, ihre alte Heimat wiederzusehen. Vielfach legten die neuen polnischen oder russischen Bewohner der Häuser kein großes Verständnis an den Tag für das Interesse der ehemaligen Einwohner. Die Schüler der Humboldt-Schule bilden eine Ausnahme, da sie zu ihren Eltern und Verwandten nach Berlin-Tegel in ihr altes Viertel zurückkehren konnten.

428.500.000 Kronen

Ende Oktober 1948 gab es nur noch drei Lager: Oksbøl, Grove und Aalborg. Im Dezember desselben Jahres musste dann das Lager Grove schließen, bevor ein paar Monate später auch das in Gedhus geschlossen wurde. Die Aufgabe von Kjærbøl und der Flüchtlingsverwaltung war damit [fast] beendet. Am 14. Dezember 1948 sollten die letzten Flüchtlinge aus dem Lager Grove nach Deutschland in den amerikanischen und französischen Sektor geschickt werden. Die letzten Flüchtlinge waren Mitarbeiter der Stilllegungsbüros, einige staatenlose Deutsche, die die Möglichkeit zur Emigration nach Übersee hatten sowie eine kleine Gruppe von Deutschen aus den Ostgebieten, die nicht dorthin zurückkehren wollten.

Die allerletzten deutschen Flüchtlinge verließen Dänemark am 15. Februar 1949. Ohne eine Erwähnung in der dänischen Presse ging das nicht vonstatten: „Überreste preußischer Größe" würden nun Dänemark verlassen, und in einem Interview berichtete ein Flüchtling, wie er und seine Frau im April 1945 nach Dänemark gekommen waren. Sie hätten davor als polnische Untertanen im polnischen Korridor (das Gebiet, das Polen 1919 durch den Friedensvertrag von Versailles zugesprochen wurde und Ostpreußen von Pommern trennte) gelebt. Zu Fuß seien sie vom sowjetischen Heer den weiten Weg bis ins Herz Deutschlands gejagt worden, doch sie hätten Glück gehabt, da sie ihre Koffer und beste Kleidung mitnehmen durften und später in Brønderslev gestrandet seien:

„Uns ging es die ganze Zeit gut in Dänemark, auch wenn uns der Stacheldraht vom normalen Alltag ausgeschlossen hat. Dänemark hat viel für uns getan – uns Arbeit, Obdach, Nahrung und Frieden gegeben, sodass wir nach einem unmenschlichen Dasein wieder Menschen werden konnten."

Das erzählte ein Deutscher dem Journalisten. Diese Art von Dankbarkeit wollten die Dänen sicherlich gern hören.

In einer ihrer letzten Briefe aus dem Lager Gedhus schrieb Charlotte Lickfett:

„O, mehr noch hat uns die Zeit in Dänemark gegeben, uns gelehrt, uns an ganz kleinen Dingen zu freuen, sei es der kleine Vogel, der am trüben Novembertag singt, als wolle er gewaltsam die Sonne hervorlocken, sei es der Pilz, der aus dunkelgrünem Moose leuchtet oder sei es der so selten schöne Abendhimmel in Ihrer Heimat. Vielleicht schauten wir zu Hause weniger oft gen Himmel als hier im fremden Lande, wenigstens wird allen Flüchtlingen der Sonnenuntergang in seiner vielseitigen Farbenpracht unvergeßlich bleiben. Und wenn die Kinder später plaudern werden von Gedhus, umgeben von Tannenwald und Heideland, dann bin ich sicher, die Kinder werden nicht vergessen vom Stacheldraht zu erzählen, wie er uns auch erfreut hat an einem sonnigen Wintertag im glitzernden Raureifschmuck."

Die Flüchtlinge hatten Geld gekostet, viel Geld. Dies geht aus einer Rede von Finanzminister Thorkil Kristensen (1899-1989) im dänischen Parlament im Mai 1946 hervor, als er die trockenen Zahlen präsentierte:

„Derzeit ist nur sicher, dass sich bei der aktuell im Land befindlichen Anzahl an Flüchtlingen täglich ein Betrag zwischen einer halben und einer dreiviertel Millionen Kronen zur Deckung der Unkosten entrichtet werden muss."

Der Finanzminister berechnete Ausgaben von ungefähr 200 Millionen Kronen, sollten die Flüchtlinge das restliche Jahr bleiben.

Bereits Ende 1948 vermeldeten die Zeitungen, dass die nun verlassenen deutschen Flüchtlingslager abgebaut und ihr Material für den Bau von Ferienhäuern verkauft werden solle, was vermutlich circa 25 Millionen Kronen einbrächte. Der Staatskasse fehlte Geld, und da Baumaterial 1949 immer noch Mangelware war, war die Nachfrage an gebrauchten Baumaterialien groß. Daher war es nachvollziehbar, Baracken, Särge und Motoren zu verkaufen. Die Einnahmen bildeten ein kleines Trostpflaster für die Ausgaben des dänischen Staates.

Der Gesamtbetrag für den Aufenthalt der deutschen Flüchtlinge in Dänemark wurde 1949 auf 428,5 Millionen Kronen beziffert. Eine schwindelerregende Summe in jener Zeit, aber zum Vergleich kann erwähnt werden, dass die Besatzungsmacht zwischen 1940 und 1945 acht Milliarden Kronen ausgegeben hatte. In einem größeren Zusammenhang sollte allerdings beachtet werden, dass die Verpflegung der Flüchtlinge vielfach auch positive Effekte auf die unmittelbare Umgebung der Lager hatte. Die Lager, nicht zuletzt große wie Aalborg, Grove-Gedhus und Oksbøl, schufen beispielsweise eine enorme Nachfrage an landwirtschaftlichen Erzeugnissen und Heizmaterial, die oft lokal gestillt werden konnte. Auf diese Weise führten die Flüchtlingslager – wie auch der deutsche Bunkerbau an der Westküste während der Besatzung – zu einer expansiven Finanzpolitik, was mehr Arbeitsplätze bedeutete. Nicht zuletzt vor Ort.

Am 26. Februar 1953 einigte sich Dänemark in London mit dem neuen westdeutschen Staat auf eine Entschädigung beziehungsweise Kompensation von 160 Millionen Kronen. Diese Schuld wurde getilgt.

In den ersten Jahren nach dem Krieg wusste niemand, was mit den deutschen Flüchtlingsgräbern geschehen sollte. Im Jahr 1962 vereinbarten Dänemark und der Volksbund Deutsche Kriegsgräberfürsorge die Instandhaltung dieser Gräber. Der Vertrag gilt bis 2022. || **Vordingborg Lokalhistoriske Arkiv**

„Schlagsahnefront" – ein Mythos?

Dänemark wird in Hinblick auf die friedlichen Verhältnisse während der Besatzung oft als „Schlagsahnefront" bezeichnet. Dennoch finden sich fast über das ganze Land verteilt mehr als 25.000 deutsche Kriegsgräber aus dem Zweiten Weltkrieg.

Von den 25.150 deutschen Gräbern sind 14.900 von Zivilisten, während die übrigen 10.250 Soldatengräber sind. Im Vergleich dazu kamen ungefähr 6.000 Dänen in der Folge von Kriegshandlungen ums Leben. Von den Wehrmachtssoldaten verloren nur wenige Hundert bei einem Einsatz in Dänemark ihr Leben – die weitaus meisten starben von 1940-1945 infolge von Krankheit, Selbstmord oder Unfällen, doch der größte Teil waren verwundete Soldaten, die in den letzten Kriegsmonaten nach Dänemark evakuiert worden waren. Auf dem Westfriedhof von Kopenhagen befinden sich 9.987 Gräber von Deutschen, 4.643 von Soldaten und 5.344 von Zivilisten. Auf dem nahegelegenen Friedhof Bispebjerg sind weitere 594 Flüchtlinge und 370 Soldaten begraben. Somit liegen gut 40% aller deut-

Der Leiter der Flüchtlingsverwaltung, Kjærbøl, verabschiedet im Februar 1949 die letzten deutschen Flüchtlinge. Kjærbøls Strategie bestand darin, die Flüchtlinge so gut zu behandeln, damit unter ihnen keine berechtigte Kritik an den dänischen Behörden aufkommen konnte. Sie sollten aber auch nicht so gut behandelt werden, dass die dänische Bevölkerung größere Entbehrungen hinnehmen musste. || Allan Moe/Ritzau Scanpix

schen Kriegsgräber in Dänemark in Kopenhagen. Diese hohe Anzahl ist dem Umstand geschuldet, dass in den letzten Monaten der Besatzung schwer verletzte deutsche Soldaten und entkräftete Flüchtlinge zunächst in der Hauptstadt ankamen. Ein Teil von ihnen dürfte als Leiche an Land gebracht worden sein. Aus der Zeit direkt nach der Befreiung existieren Fotografien von Massenbestattungen in Aarhus und Kopenhagen.

Auf Kopenhagen folgen die großen Flüchtlingsfriedhöfe Jütlands in Oksbøl mit 1.675, Gedhus mit 1.185, Aalborg mit 1.096 und Grove mit 964 Gräbern. Die Gräber befinden sich in der Nähe der großen Flüchtlingslager und sind heute die noch einzig sichtbare Spur der deutschen Flüchtlinge. Besuchen wir heute diese Friedhöfe, wirken sie sehr gepflegt, was sie anfänglich jedoch nicht waren. In der ersten Zeit wurden tote Flüchtlinge zumeist auf dem örtlichen Friedhof in der Nähe des Lagers begraben, wo sie sich aufgehalten hatten. Das führte dazu, dass sich die Flüchtlingsgräber in den 1950er-Jahren auf 475 verschiedene Orte in ganz Dänemark verteilten. Bereits Ende der 1940er-Jahre gab es Überlegungen, was langfristig mit den deutschen Gräbern geschehen solle. Sollten sie abgeräumt oder bewahrt werden? Sollten sie zu anonymen Gräbern umgewandelt werden? Es gab Befürchtungen, die Friedhöfe könnten zum Ziel von Pilger- und Touristenfahrten deutscher Revanchisten werden, was in den frühen Zeitungsdebatten Anlass zu Sorge und gegenüber den Deutschen zu Misstrauen führte.

Im November 1946 erläuterte Knud Wiell (1915-1948), Mitarbeiter in der Flüchtlingsverwaltung, gegenüber der Presse die offizielle Haltung der dänischen Regierung:

„Es ist beabsichtigt, die Gräber auf notdürftige Weise zu erhalten. Jedes Grab wird wahrscheinlich mit einem Holzkreuz und dem Namen und den Daten des Toten versehen. Die Flüchtlingsfriedhöfe werden voraussichtlich mit einer Gedenktafel mit Inschrift ausgestattet, allerdings wurde über die Ausgestaltung der Leitlinien noch keine endgültige Entscheidung getroffen."

Unproblematisch war das nicht. Zum einen, weil die Anzahl der toten Flüchtlinge im Verhältnis zu den Alliierten und Widerstandskämpfern viel größer war, zum anderen waren es die des Feindes. Von dänischer Seite stand eine Einäscherung zur Diskussion, damit die Angehörigen die Asche zurücknehmen konnten. Eine Einäscherung war aber ebenfalls nicht unproblematisch, worauf die Leser der Zeitung des Pastorenverbands 1945 hingewiesen wurden:

„Ungefähr 4.000 Leichen sind verbrannt und die Asche in Urnen aufbewahrt worden, die südwärts geschickt werden können. Bei den großen kollektiven Leichenverbrennungen besteht jedoch das Problem, dass sie der Papst verboten hat und von Katholiken als sehr verletzend empfunden werden können, es kann gar bei Menschen, denen man nichts Böses wünscht, zu seelischer Pein führen. Zudem ist Einäscherung kostspielig und verlangt einen hohen Verbrauch unserer knappen Brennstoffe.“

Derselbe Verfasser machte darauf aufmerksam, es gebe noch in einer anderen emotionalen Hinsicht Bedenken. Dänische Friedhöfe bekämen einige Tausend Gräber, die „rechtmäßig“ in ein anderes Land gehörten, denn die Erfahrung zeige, dass Flüchtlingsgräber nicht gleichermaßen wie dänische Gräber gepflegt und daher im Laufe kürzester Zeit „wie eine entstellte Narbe“ auf den Friedhöfen daliegen würden.

Die deutschen Gräber wurden mit schlichten Holzkreuzen versehen, und in dem Maße wie die deutschen Flüchtlinge überwiegend in die großen Lager verlegt worden waren, entstanden in deren Nähe deshalb allmählich große Grabflächen.

In den 1950er-Jahren gab es Ansätze für ein allgemeines deutsch-dänisches Abkommen zur Frage der Gräber. Im Jahre 1949 schloss der Kirchengemeinderat von Aal mit der Flüchtlingsverwaltung und der dem Landwirtschaftsministerium unterstellten Behörde für Klippenwesen einen Zwanzigjahresvertrag zur Grabpflege auf dem Flüchtlingsfriedhof in Oksbøl ab. 1962 kam es zur Vereinbarung der noch heute gültigen Lösung, indem ein deutsch-dänischer Vertrag den Bestand der Gräber 60 Jahre lang sicherstellte, mit der Möglichkeit zur Verlängerung. Für die Pflege der Gräber ist der Volksbund Deutsche Kriegsgräberfürsorge verantwortlich. Der Vertrag lehnt sich an eine Vereinbarung zwischen Dänemark und Großbritannien aus dem Jahr 1954 an, deren Laufzeit ebenfalls 60 Jahre betrug und 2014 völlig unkompliziert erneuert wurde. Dies wird auch bei dem deutsch-dänischen Vertrag 2022 erwartet.

Schwerwiegender war der Wunsch von deutscher Seite, 5.000 deutscher Gräber und sterbliche Überreste in Dänemark umbetten zu wollen. Das wurde als makaber aufgefasst. Gegen den Wunsch einer Umbettung deutscher Gräber sprach sich 1958 ein Pastor in Jütland aus. Seiner Meinung nach sollte man die Toten in Frieden ruhen lassen und sie nicht zu propagandistischen Zwecken benutzen, da viele Tote an dem, was während des Krieges geschehen war, unschuldig gewesen seien. Wie gewiss andere auch, so hatte auch der Geistliche Bedenken bezüglich möglicher Hintergedanken der Deutschen bei den Umbettungen. Nicht alle teilten diese Ansicht. So fragte das Feuilleton der Zeitung *Vestkysten* unter der Überschrift „Tote Deutsche und christliche Dänen", ob eine Umbettung von Deutschen verletzender, unanständiger oder stärker im Widerspruch zum christlichen Glauben stünde als jene von Amerikanern, Kanadiern, Engländern oder Dänen. Der Angriff richtete sich gegen die Doppelmoral der Kritiker, da niemand protestiert hatte, als 1948 auf der Insel Svinø die sterblichen Überreste von 46 amerikanischen Piloten in die USA überführt wurden.

Die sozialdemokratische Kirchenministerin Bodil Koch (1903-1972) befürwortete die Verlegung der Gräber, im Oktober 1963 verwies sie darauf, Dänemark sei das einzige Land, das den Wünschen Deutschlands nicht entgegenkomme. Sie führte

Norwegen an, wo die deutschen Gräber bereits auf drei Friedhöfen zusammengefasst worden waren. Die Umbettung der Gräber begann, im Laufe des Jahres 1966 wurden circa 5.000 deutsche Gräber in Dänemark verlegt, wodurch sich die Anzahl von 475 Friedhöfen mit deutschen Gräbern auf die heutigen 34 verringerte. Aus Protest gegen die Verlegung reichten 90 Kirchengemeinderäte gleichzeitig Klage gegen das Kirchenministerium ein. Der Fall wurde am Landgericht für Ostdänemark verhandelt, 1967 fiel am Obersten Gericht in dieser Sache ein weiteres Urteil. Das Gericht bestätigte den Freispruch der vorhergehenden Instanz gegenüber dem Kirchenministerium, für ein Abkommen mit Westdeutschland über die Verlegung von deutschen Kriegsgräbern nicht zuständig gewesen zu sein.

Die deutschen Flüchtlingsfriedhöfe wurden später instandgesetzt. Es fand ein Austausch der alten Holzkreuze durch die heutigen Grabsteine und Kreuze aus belgischem Granit statt, 1969 waren die Arbeiten abgeschlossen. Der Volksbund Deutsche Kriegsgräberfürsorge hatte dafür gesorgt, die Bedenken hinsichtlich einer mangelnden Pflege gründlich zu zerstreuen. Die Bedenken, die Friedhöfe könnten Versammlungsorte für deutsche Revanchisten werden, erlitt ebenfalls Schiffbruch.

Die „Schlagsahnefront" entpuppt sich als Mythos, sofern die deutschen Flüchtlinge in Dänemark in die Geschichte über den Zweiten Weltkrieg einbezogen werden. Ist allerdings ausschließlich von direkten Kriegshandlungen in Dänemark die Rede, ergibt es weiterhin Sinn, diesen Begriff zu verwenden.

Die verwundbare Menschlichkeit

Den Abschied aus Dänemark hat Edvin Kræmer (eigentlich Edvin Poul Svendsen, 1912-1970) 1947 in

seinem Buch *Avner for Vinden* (dt.: Spreu für den Wind) geschildert – das erste Buch über die deutschen Flüchtlinge:

„[Frau Wenk] hatte sich während ihres Aufenthalts in den Flüchtlingslagern oft furchtbar ungeduldig gefühlt – die Inhaftierung und Bewachung, das Gefühl, ein ausgestoßenes und unerwünschtes Wesen zu sein, hatten sie manchmal wie eine bittere Erkenntnis getroffen. - Die überfüllten Zimmer mit den vielen unterschiedlichen Menschen, die gezwungenermaßen so viel von ihrem Charakter und Seelenleben den anderen gegenüber preisgeben mussten, die ewige Unruhe und das völlige Fehlen eines Ortes, an dem man für sich selbst sein konnte, waren zusammengenommen etwas, das sie hin und wieder mit einer nervösen Gereiztheit erfüllte, aber heute fühlte sie sich hier trotzdem eher zu Hause als an irgendeinem anderen Ort."

Das Buch war untypisch für seine Zeit, weil die offizielle und öffentliche Erzählung über viele Jahre die Last betonte, die die deutschen Flüchtlinge und ehemaligen Feinde für den dänischen Staat gewesen waren. Daneben handelte es sich bei dem Buch um einen Roman, der deshalb bei der Erforschung der Geschichte der deutschen Flüchtlinge keine Berücksichtigung fand. Kræmers Absicht war, in der dänischen Bevölkerung ein Verständnis für die menschliche Seite der Flüchtlingsschicksale zu wecken, was auf den persönlichen Erfahrungen des Schriftstellers als Lagerleiter in einer Kleinstadt beruhte. Der Text stellt jedoch eine Ausnahme dar, und es vergingen viele Jahre, bis die deutschen Flüchtlinge wieder zu Wort kommen sollten.

Das lag in erster Linie daran, dass es sich um Deutsche handelte – um deutsche Opfer in Form von Zivilisten, Frauen und Kinder, deren Vergehen hauptsächlich darin bestand, aus Nazideutschland gekommen zu sein. Einem Land, das für den blutigsten Krieg der Geschichte und den Völkermord an Millionen von Juden und Roma verantwortlich war. Dieser Umstand erschwerte viele Jahre lang, über die Geschichte deutscher Familien zu sprechen, selbst wenn es sich um Kinder im Konfirmationsalter handelte.

Nachdem der letzte deutsche Flüchtling Dänemark 1949 verlassen hatte, zog die Flüchtlingsverwaltung mit dem Weißbuch *Flygtninge i Danmark 1945-49* (dt.: Flüchtlinge in Dänemark 1945-49) ein Jahr später Bilanz. Im Vorwort schrieb Johannes Kjærbøl:

„Nachdem klar war, dass sich die Rückführungen nicht so schnell wie erhofft durchführen ließen, waren sich alle Ebenen einig, dass die Flüchtlinge zwar nicht willkommen waren, sie aber während ihres Aufenthalts auf eine Weise behandelt werden sollten, für die sich Dänemark und dem Ausland gegenüber nicht zu schämen bräuchte. Freundliche Gefühle schlug den Flüchtlingen nicht entgegen, auf der anderen Seite hegte aber auch niemand den Wunsch nach Rache."

Das Buch erzählt, wie diese gewaltige und schwierige humanitäre Aufgabe bewältigt wurde und war naturgemäß Ausdruck der Vorstellung, die die Flüchtlingsverwaltung gern erzeugen wollte. In ihm sind eine Vielzahl an Fakten enthalten, während die deutschen Flüchtlinge kaum vorkommen. Das Zitat illustriert völlig ungeschminkt die Doppeldeutigkeit, die Teil der dänischen Haltung in dieser Angelegenheit war. In seinen Memoiren *Modvind og Medbør* (dt.: Gegenwind und Rückenwind) aus dem Jahr 1959 griff Kjærbøl die Standpunkte aus dem Weißbuch erneut auf, nun jedoch mit größerer Selbstsicherheit. Seine Mission habe darin bestanden, Dänemark mit der Rückführung von den deutschen Flüchtlingen zu befreien – und dies sei ihm geglückt. Somit könne die dänische Bevölkerung mit Recht stolz darauf sein, die Aufgabe gelöst zu haben.

1950 veröffentlichte das Außenministerium eine Sammlung von Dokumenten zu den deutschen Flüchtlingen (*Aktstykker vedrørende de tyske flygtninge*). Wahrscheinlich trug die Herausgabe des Buchs dem Bedürfnis des Ministeriums Rechnung, nach außen hin die enorme Arbeit des Ministeriums zu dokumentieren, den Zustrom von deutschen Flüchtlingen zunächst zu verhindern sowie sie später nach Deutschland zurückzuführen. Gleichzeitig wollte die Sammlung auch deutlich machen, dass das Außenministerium mit Staatssekretär Nils Svenningsen an der Spitze während der Besatzung Werner Best und den übrigen Nationalsozialisten nicht nach dem Mund geredet hatte. Dies rettete Svenningsen allerdings nicht, der als Botschafter nach Stockholm geschickt wurde, bis sich die Stimmung in der Bevölkerung gegen ihn gelegt hatte.

Ein weiterer Schlusspunkt unter dem Aufenthalt der Flüchtlinge in Dänemark bedeutete der 1949 entstandene kurze Aufklärungsfilm *Tyske flygtninge i Danmark* (dt.: Deutsche Flüchtlinge in Dänemark) von Ole Berggreen (1919-2005). Der Film sollte ein breiteres Publikum erreichen und zeigte Bilder aus der unbekannten Welt hinter dem Stacheldraht. Obwohl der Film eine Reihe guter Sequenzen enthält, hebt er selbstverständlich den Einsatz der Behörden bei dieser schweren Aufgabe hervor und huldigt dieser.

Diesen frühen Beiträgen sind eine einseitig nationale Perspektive sowie eine Zuschreibung der deutschen Flüchtlinge als Last gemein, der sich Dänemark als demokratisches Land habe stellen müssen.

Ein beginnender Sinneswandel in der Erzählung über die deutschen Flüchtlinge deutet sich im Dezember 1959 an, als auf dem Friedhof in Kolding ein drei Meter hohes Kreuz aus Eichenholz für die dort liegenden 34 Soldaten und 150 ostdeutschen Flüchtlinge errichtet wurde. Diese Geste wurde zu einem Vorläufer der allmählichen Aussöhnung zwischen Westdeutschland und Dänemark, 1962 kam das Abkommen zwischen beiden Ländern zur Zukunft der deutschen Kriegsgräber zustande. Mit dem offiziellen Abkommen unternahmen beide

Länder einen großen Schritt, um die Vergangenheit zu begraben, buchstäblich wie symbolisch, und richteten ihren Blick auf die Zukunft und eine friedliche Koexistenz. Gleichzeitig trieb Dänemark den Prozess für eine Verlegung deutscher Gräber voran, was als ernsthafte Auseinandersetzung betrachtet werden kann, inwieweit die Dänen bereit waren, die Vergangenheit begraben zu wollen oder nicht.

Symbolträchtig war auch die Kranzniederlegung bei den 10.000 Soldaten- und Flüchtlingsgräbern auf dem Westfriedhof in Kopenhagen im Jahre 1965 durch den deutschen Botschafter Friedrich Buch (1906-1992), als dieser betonte:

„[...], dass die Gräber den Weg zu einer friedlichen Zusammenarbeit zwischen den einzelnen Menschen und Ländern weisen sollten. Die Opfer von Krieg und Gewaltherrschaft mahnen uns zu Versöhnung und Brüderlichkeit."

Die Annäherung war für Westdeutschland bedeutsam, da es von seinen Nachbarländern immer noch misstrauisch beäugt wurde, auch wenn die Überwindung der Isolation in den 1960er-Jahren bereits im vollen Gang war.

Die deutschen Flüchtlinge kamen nicht selbst zu Wort, bis Arne Gammelgaard 1981 in seinem Buch *Mennesker i malstrøm* (1985 auf Deutsch erschienen unter dem Titel *Ungeladene Gäste. Ostdeutsche Flüchtlinge in Dänemark 1945-1949*) ihre fast vergessene Geschichte erzählte. In Interviews erhielten ehemalige Flüchtlinge die Möglichkeit, von ihrer zumeist lebensgefährlichen Flucht aus den deutschen Ostprovinzen und ihrer Internierung in Dänemark zu berichten. Auch wenn sich immer noch viel um die Rolle der dänischen Behörden drehte, war Gammelgaards Ansatz völlig ungewohnt, da er Leid und Opfer der Deutschen aufgriff und damit über Kræmer hinausging. Das Buch wurde in der Presse gut rezensiert, die erkannte, dass er eine vergessene Geschichte aufgegriffen hatte.

Gammelgaard berichtete allerdings später, 1981 seien noch nicht alle Dänen bereit gewesen, etwas über deutsche Opfer zu hören. Dennoch wehte ein neuer Wind zwischen Dänemark und Westdeutschland, so wie nun auch eine neue Generation die Geschichte erforschte und nicht mehr selbst in die Arbeit mit den deutschen Flüchtlingen involviert gewesen war. Zugleich war Westdeutschland während des Kalten Krieges Mitglied der NATO und zu einem der wichtigsten Handelspartner Dänemarks innerhalb der Europäischen Gemeinschaft geworden. Der zeitliche Abstand zum Weltkrieg vergrößerte sich, und die Westdeutschen waren auf einem guten Weg, aus dem Schatten Nazideutschlands herauszutreten.

Im Alltag wurden zudem Flüchtlinge und sogenannte Gastarbeiter ein immer häufigerer Anblick. In diesem Sinne wurde die Geschichte der deutschen Flüchtlinge auch ein Spiegel, der der Gesellschaft vorgehalten werden konnten. Im Jahr 1987, zwei Jahre vor dem Fall der Mauer, erschien Henrik Havreheds (1928-1995) Dissertation *De tyske flygtninge i Danmark 1945-49* (auf Deutsch unter dem Titel *Die deutschen Flüchtlinge in Dänemark 1945-1949* erschienen), in der er die Erzählung, die Flüchtlinge hätten eine Last bedeutet und die dänischen Behörden hätten große Opfer gebracht, wiederholte. Die deutschen Flüchtlinge selbst kamen wieder kaum zu Wort, da sich Havrehed hauptsächlich auf die Sichtweise ehemaliger Mitarbeiter der Flüchtlingsverwaltung stützte und sich davon nur schwer lösen konnte.

Große Furore löste 1999 Kirsten Lylloffs Aufsatz

„Kan lægeløftet gradbøjes?" (dt.: Kann der Hippokratische Eid abgewandelt werden?) aus. Zum ersten Mal wurde die hohe Sterblichkeitsrate unter deutschen Flüchtlingskindern beleuchtet. Lylloff kritisierte die Rolle der dänischen Behörden und deren mögliches Versagen. Dies führte zu einer äußerst kritischen Schlussfolgerung, nämlich dass die dänischen Ärzte die deutschen Flüchtlinge im Stich gelassen hätten. Auf Lylloffs Aufsatz folgte 2005 ihre Doktorarbeit mit dem Titel *Barn eller fjende* (dt.: Kind oder Feind). Der Aufsatz und die Dissertation weckten ein neuerliches Interesse am Thema und veranlassten viele Dänen, gewohnte Sichtweisen zu hinterfragen. Gleichzeitig schrieben die Beiträge tendenziell den deutschen Flüchtlingen eindeutig eine Opferrolle zu und ließen die Helden, die dänischen Behörden, bloß als Schurken erscheinen. Polemisch betrachtet waren die Arbeiten erfolgreich, was jedoch auf Kosten einer Differenzierung geschah, beispielsweise hinsichtlich der Bedeutung von Ärzteschaft und Widerstandskämpfer – wie auch der Flüchtlingsverwaltung.

Die Beiträge können als Teil einer Auseinandersetzung mit der Geschichtsschreibung gesehen werden, die bis dahin keinen besonders kritischen Blick auf die dänischen Institutionen und Unternehmen während der Besatzungszeit gerichtet hatte. Vom Fall der Mauer bis zum Beginn des neuen Jahrtausends ist eine generell kritische Tendenz in der dänischen Geschichtsschreibung zu beobachten. Am problematischsten war jedoch die moralisierende Haltung der Beiträge, die – sofern es die deutschen Flüchtlinge betrifft – gewiss auch von der damaligen Flüchtlingsdebatte geprägt war. Tatsächlich engten die darauffolgende hitzige Auseinandersetzung und nicht zuletzt die Medien für Jahre die Betrachtungsweise und Diskussion ein.

Als Reaktion darauf entstanden neue Untersuchungen, die die Erzählung um neue Facetten bereichert haben. Dies trifft beispielsweise auf den Archivar Leif Hansen Nielsen zu, der die Verhältnisse für die deutschen Flüchtlinge in Südjütland untersucht hat und nachwies, dass die Sterblichkeit in Südjütland nicht – wie man erwarten dürfte – signifikant niedriger war als im übrigen Dänemark.

Blicken wir nach Deutschland, war die dortige Nachkriegsliteratur zwischen 1945 und 1990 vom Bedürfnis geprägt, sich von Nationalsozialismus und Krieg zu distanzieren. Das brachte Berührungsängste mit sich, zum Beispiel in Hinblick auf eine Thematisierung des Bombenhagels gegen deutsche Städte sowie die Vertreibung aus den Gebieten wie Ostpreußen. Nur allzu leicht hätte dies als Ausdruck eines deutschen Revanchismus aufgefasst werden können. Aus diesem Grund war es ein bedeutender Schritt, als Günter Grass (1927-2015), einer der größten deutschen Schriftsteller der Nachkriegszeit, 2002 sein Buch *Im Krebsgang* veröffentlichte. Dessen Ausgangspunkt ist der Untergang der Wilhelm Gustloff am 30. Januar 1945, bei dem ungefähr 10.000 Deutsche ums Leben kamen – vor allem Zivilisten und verletzte Soldaten.

Seitdem ist der Abstand zur jüngeren Vergangenheit größer geworden, und es ist einfacher geworden, über die Flucht aus den ehemaligen Ostgebieten zu erzählen, ohne sich dem Vorwurf von revanchistischen und nationalsozialistischen Tendenzen auszusetzen. Das jahrelange Schweigen über diese unglücklichen deutschen Schicksale, die auch Teil des Zweiten Weltkriegs sind, wurde gebrochen. Zu diesem Thema entstand und entsteht weiterhin eine große Menge an Erinnerungsliteratur.

Die Erzählung über die deutschen Flüchtlinge ist aktuell, da es immer noch Kriege und Flüchtlingsströme gibt. Zugleich beinhaltet sie auch grundsätzliche Aspekte, die sie auf immer „[...] für uns selbst und für die Zukunft" relevant macht, wie der Leiter der Flüchtlingsverwaltung, Johannes Kjærbøl, betonte, während sich die Flüchtlinge noch in Dänemark aufhielten und niemand wusste, wann sie das Land wieder verlassen würden können. Kjærbøl verwies auf das „Urteil der Geschichte" - wie nachfolgende Generationen auf die Behandlung der deutschen Flüchtlinge durch die Dänen blicken würden. Kjærbøls Bestreben, über die Lösung alltäglicher Probleme hinaus zu denken, zwingt einem auch viele Jahre später immer noch Respekt ab. Denn er erkannte, dass Demokratie und Menschlichkeit verwundbare Größen sind.

Wenn sie bewahrt werden sollen, müssen wir langfristig denken und das Ziel niemals aus den Augen verlieren.